오징어 게임 속
메타음악을 찾아서

오징어 게임 속
메타음악을 찾아서

초판 1쇄 인쇄일 2025년 2월 15일
초판 1쇄 발행일 2025년 2월 25일

지은이 최은영
펴낸이 양옥매
디자인 송다희 표지혜
교　정 조준경
마케팅 송용호

펴낸곳 도서출판 책과나무
출판등록 제2012-000376
주소 서울특별시 마포구 방울내로 79 이노빌딩 302호
대표전화 02.372.1537　**팩스** 02.372.1538
이메일 booknamu2007@naver.com
홈페이지 www.booknamu.com
ISBN 979-11-6752-591-8 (93670)

: 두 세계를 연결하는 상호텍스트

FIND METAMUSIC ON SQUID GAME

오징어 게임 속 메타음악을 찾아서

최은영 지음

이 책이 나오기까지 많은 분들의 도움이 있었습니다. 먼저 제가 메타음악 연구라는 길로 나아갈 수 있도록 이끌어 주신 교수님들께 깊은 감사를 전합니다.

부족한 제자의 졸고에서 가능성을 발견해 주시고, 다각적인 사고를 할 수 있도록 2년 동안 한결같이 이끌어 주신 저의 은사 송현옥 교수님의 따뜻한 가르침은 낯선 학문의 길에서 중요한 길잡이가 되었습니다.

메타드라마 연구를 통해 메타음악의 개념을 떠올리게 해 주신 백승무 교수님, 학자가 걸어야 할 길을 묵묵히 보여 주신 평생 잊지 못할 은혜를 마음 깊이 새깁니다.

새로운 길을 가는 저에게 진심 어린 조언을 주시고 글이 막힐 때마다 도움을 주신 이은경 교수님, 연구의 세부적인 방향성을 위해 많은 시간을 할애해 주신 박철 교수님, 시나리오 분석으로 함께해 주신 권영미 교수님과 힘껏 응원해 주신 라경민 교수님, 간명하고 아름다운 어휘로 감동을 주신 김미혜 교수님과 김선미 선생님께 지면을 빌려 감사의 인사를 드립니다.

그동안 함께 고민하고 의견을 나눌 수 있는 동료 선생님들이 있어서 참 즐거웠습니다.

무엇보다도 연구하는 동안 물심양면으로 응원해 준 사랑하는 남편 김성수 님, 긴 시간 동안 원고 수정에 도움을 준 사랑스런 딸 김세린에게 감사의 마음을 전합니다. 연구 과정에서 길을 헤맬 때마다 소중한 가족과 성경에서 아이디어를 얻고 문제를 풀어 가던 시간은 저에게 큰 힘이자 소중한 시간이었습니다.

마지막으로 이 책이 세상에 나오게 도움 주신 책과나무 양옥매 실장님과 메타적 사고로 글을 읽고 편집해 주신 조준경 선생님께 감사드립니다. 아무쪼록 이 책의 마무리가 메타음악 분야에서 새로운 탐색의 첫발이 되기를 기대하며, 앞으로도 계속 정진하겠습니다.

메타음악,
보이는 것 너머의 세계로

　넷플릭스 전 세계 47일간 1위, 역대 최고 시청 시간을 경신하며 2021년 최고의 넷플릭스 작품으로 뽑힌 K-드라마가 있다. 현재 시즌 2가 공개된 지 하루 만에 전 세계에서 가장 많이 시청된 콘텐츠로 집계될 만큼 커다란 인기몰이를 하고 있는 《오징어 게임》(2021, 2024)이 바로 그것이다.

　엄청난 화제를 불러일으키며 수많은 '이야기들'을 만들어 낸 《오징어 게임》(2021)은 전 세계인들에게 강렬한 인상을 남겼고, 음악도 독창성을 인정받아 할리우드 뮤직 미디어 어워즈(HMMA)를 수상했다. 이 작품에 사용된 음악은 친숙함을 낯섦으로 전복시키는 독특한 매력을 지닌다. 그럼에도 《오징어 게임》에 활용된 음악을 분석한 연구는 드물다.

　이 책은 《오징어 게임》의 시즌 1과 시즌 2의 음악을 '메타적' 관점에서 탐구하며, 상호텍스트성을 통해 '메타음악'의 특징과 의미를 조명하고자 한다.

'음악에 대한 음악', 즉 '메타음악'이 이론으로 정립된 것은 비교적 최근의 일이다. 음악학자인 티셔(M. Tischer)는 '메타음악'은 절대음악에서 벗어나 음악을 통해 무엇인가를 담고 전달하고자 하는 의도가 내재해 있다고 보았다. '음악에 대한 음악'은 기존의 미학과는 다른 새로운 시도로서 '비판적이고 성찰적인 새로운 의미를 생성하는' 특성을 지닌다.

우선 《오징어 게임》의 서사는 '메타적'이다. 화면 속의 화면이라는 구도를 통해 드라마의 다층적인 구조를 제시하기 때문이다. 주인공이 참여한 '오징어 게임' 세계는 마치 극중극처럼 현실 세계의 구조를 반영하여 메시지를 전달하고 있다.

주목할 것은 《오징어 게임》이 메타드라마를 구성하는 강력한 장치로서 음악을 적극적으로 활용했다는 점이다. 이러한 음악의 역할은 단순히 배경음악으로서의 기능을 넘어 서사와 함께 텍스트로서 기능하며, 이는 이 드라마의 음악이 상호텍스트성을 지닌다는 점을 방증한다.

"각각의 음은 자신의 철자를 지닌다.[1]"

문학평론가이자 철학자인 발터 벤야민(Walter Benjamin, 1892~1940)이 한 말이다. 음악은 언어의 장벽을 넘어 다양한 문화권의 관객들을

---

1   Walter Benjamin, 김유동 · 최성만 옮김, 『독일 비애극의 원천』, 한길사, 2009. p.319.

음악의 세계에 끌어들인다. 음악은 대사 없이도 많은 감정을 메타적 언어로 전달한다.

음악은 그 특유의 추상성과 투명성으로 인해 무엇을 전달하는지 설명하기가 어렵다. 그러나 《오징어 게임》에 사용된 음악은 메타드라마와 상호적인 관계를 맺고 있어 그 의미를 보다 쉽게 파악할 수 있다. 이 드라마의 음악은 시청자의 익숙한 감상 방식을 깨트리며 보이는 것 이면에 숨겨진 의미를 사고하도록 유도한다.

이 책의 구성은 도입부와 제시부, 종결부로 이루어져 있다. 마치 음악에서 제시부가 작곡가의 주요 메시지를 담고 있듯 이 책의 제시부는 메타음악의 상호텍스트성이라는 중요한 주제를 다룬다. 도입부는 제시부를 위한 서주 역할을 하며 박사 논문을 개편한 부분이 포함된다. 메타음악에 대한 쉽고 상세한 설명을 통해 독자들이 《오징어 게임》 속 메타음악의 전략을 천천히 음미할 수 있도록 돕는다.

제시부에서는 음악의 상호텍스트성을 관계를 형성하는 힘으로 설명하며 음악이 서로 다른 경계를 넘나들며 관계를 변화시키고, 이를 통해 새로운 해석을 이끌어 내는 역할을 강조한다. 마지막으로 종결부에서는 음악과 드라마의 통합적 접근을 정리하며 책을 마무리한다.

이 책을 통해 독자들은 《오징어 게임》 속 여러 음악이 서사와 결합하여 메타음악으로 기능하며, 맥락을 형성하는 방식을 이해할 수 있을 것이다. 나아가 음악이 하나의 텍스트로서 다른 예술 형식과 상호작용하며 다양한 해석을 가능케 하는 중요한 매개체임을 인식하게 될 것이다.

이 책에서 제시하는 음악의 메타성 연구가 드라마뿐만 아니라 다양한 분야에서 해석의 폭을 넓히고, 더 깊고 풍부한 의미의 세계로 나아가는 작은 등불이 되기를 바란다.

2025년 2월
최은영

: **CONTENTS**

Step 2. 제시부

Step 3. 종결부

Step 1

도입부

FIND METAMUSIC ON SQUID GAME

Part 1

장르를 뛰어넘는
메타 설명서

메타음악의 특징을 탐구하기 위해서는 먼저 '메타'가 무엇인지 알아야 한다. '메타'의 어원을 통해 메타가 현재 갖는 의미를 알아보고, 메타언어와 메타픽션의 뜻을 검토해 본다. 이후 메타드라마 연구와 이론적 배경 및 사례를 알아본다음 셰익스피어의 《햄릿》, 뮤지컬 《오페라의 유령》, 영화 《매트릭스》 등 다양한 매체 속의 메타드라마 사례를 간단히 살펴보고자 한다.

(1)

두 세계를 잇는
'메타'의 정의

○△□

메타란 무엇인가?

'메타음악'을 살펴보기 위해서는 먼저 '메타'가 무엇인지 알아야 한다. '메타'라는 용어가 처음으로 사용된 곳은 철학자 아리스토텔레스(Aristoteles, B.C. 384~322)의 『형이상학(Ta Meta Ta Physica)』에서였다.

이 책에서 아리스토텔레스는 생물과 무생물을 포함하는 자연의 운동에 관한 자연학(Ta Physica)을 먼저 살펴본 후, 자연학에 속하지 않는 현상 너머의 것(Ta Meta Ta Physica)을 논했다. 후학이 아리스토텔레스의 저술을 편찬하는 과정에서 표제가 없는 논문을 물리학 저서 다음에 배치하며 '자연학(physica) 뒤의(meta) 저서'라는 이름을 붙였고, 이것이 이후 형이상학(metaphysica)이라는 이름을 갖게 되었다.[1]

---

[1]   아리스토텔레스, 이종훈 옮김, 『형이상학』, 동서문화사, 2016, p.437.

감각 너머의 인식을 다루는 형이상학에서 영향을 받아 메타(meta)는 현재 '~뒤에', '~너머', '~위에'라는 초월의 의미로 사용된다. 메타는 여러 분야에서 응용되고 있는데, 그 대표적인 예로 '메타언어', '메타픽션', '메타드라마'를 들 수 있다. 이번 장에서는 메타의 개념을 살펴보기 위해 메타언어와 메타픽션, 메타드라마에 대해 알아보고자 한다.

대상과 언어적 표현을 잇는 매개, 메타언어

메타언어란 실제 대상과 그에 대한 언어적 표현을 잇는 매개, 즉 문맥적 해석이 가능한 언어를 말한다. 대상을 표현하는 언어는 좁은 의미의 자연언어와 넓은 의미의 인공언어로 구분할 수 있다.

자연언어는 외부 세계를 일컫기 위해 자연스럽게 형성된 언어로서 역사성을 지니며 사회 구성원과의 약속으로 이루어진다. 그런데 세계에 대한 개인의 경험을 언어로 표현할 때 그 단어와 의미가 반드시 일치하는 것은 아니다. 자연언어의 이러한 제약을 극복하기 위해 기호, 상징, 몸짓, 그림, 음악 등을 이용한 인공언어로 소통할 수 있다.

외부 세계(A)와 언어 표현(B) 사이에는 상황과 문맥을 통한 해석(C)을 요한다. 예를 들어, '따뜻하다(B)'는 단어를 '집'에 사용하였을 때 '집 안의 온도가 따뜻하다(C)'는 것인지, '집의 일조량이 충분한 위치와 방향을 가졌다(C)'는 것인지, '집에 사는 사람들의 사랑스러운 마음으로 따뜻하다(C”)'는 것인지에 대한 명료한 해석(C)이 필요하다.

['집이 따뜻하다'의 메타언어]

- 외부 세계   집

- 언어 표현   따뜻하다

- 메타언어   ① 집 안의 온도가 따뜻하다.

　　　　　　② 집의 일조량이 충분한 위치와 방향을 가졌다.

　　　　　　③ 집에 사는 사람들의 사랑스러운 마음으로 따뜻하다.

이때 A(집)는 외부 세계의 실체이고, B(따뜻하다)는 그 대상을 기술하는 언어이며, A와 B의 관계를 상황과 맥락에 맞게 해석하는 C가 바로 메타언어가 된다. 그러므로 메타언어는 '언어에 대한 언어'로서 언어의 제한성을 벗어나려는 시도이다. 메타언어를 문학으로 확장시키면 메타픽션이 된다.

메타픽션, 환상과 현실을 오가다

메타픽션이란 픽션과 리얼리티와의 관계에 의문을 갖고 상위 차원의 가공물을 설정하는 허구적인 글쓰기 행위를 가리키는 말이다.[2]

2　　서울대학교 국어교육연구소, 『국어교육학사전』, 대교출판, 2004, p.234.

메타픽션은 픽션과 현실 사이의 관계에 대한 질문이나 모순을 제기하여 자아 성찰을 유도하는 방식으로 쓰인다. 그래서 메타픽션 속 등장인물들은 작품 속 세계가 픽션이라는 것을 인지하도록 설정된다. 메타픽션에서는 현실을 모방하고 비판하는 패러디, 혹은 작가가 등장인물의 관점에서 작품을 바라보는 자기반영적 원리 등이 발견된다.

세르반테스의 『돈키호테』는 영웅적인 가치에 초점이 맞춰져 '일루전(illusion)'과 현실 사이의 긴장 관계를 오가며 '픽션에 대한 픽션'으로 서사가 진행된다. '일루전(illusion)'은 한국어로 '착각(錯覺)' 혹은 '환영(幻影)'으로 번역할 수 있으며 놀이처럼 '연극적(-인 체하는) 상황 안에 빠지는 것'을 일컫는다.

돈키호테는 기사를 모방하기 위해 시에라 모레나산에서의 고행을 감행한다. 이에 산초가 투덜대자 돈키호테는 다음과 같이 말한다.

"어느 화가가 자기 예술로 유명해지고 싶으면 자기가 알고 있는 가장 뛰어난 작가의 작품을 모방해야 하느니라. 그러므로 산초야, 나도 편력기사로서 그늘저럼 이렇게 기사를 모방하면 할수록 더욱 더 기사의 완벽성을 이루는 것이다."

1권에서 기사의 비전을 갖게 된 돈키호테는 편력기사가 궁정 앞에서 환대받는 장면을 상상한다. 2권에서 돈키호테는 실제로 환대를 받으며 1권에서 자신이 환상 속에서 상상한 것이 실제가 되었다며 놀라워

한다.[3]

    이는 주인공 돈키호테가 자신이 사실이라고 생각했던, '편력기사에게 행해지는 대접'이 환상임을 이미 알고 있었음을 의미한다. 그리고 자신이 진짜 편력기사라는 사실을 처음으로 실감하고 믿는 장면이 나온다. 이는 돈키호테 자신이 편력기사가 아님을 인지하고 있었다는 것을 나타낸다.

    이처럼 메타픽션은 등장인물 스스로가 작품 속 세계가 픽션이라고 인지하게 된다는 설정이며, 『돈키호테』는 독자로 하여금 현실과 환상의 경계를 넘나들게 하는 메타픽션의 한 예라고 볼 수 있다. 즉, 일루전(illusion: 착각 혹은 환영)은 등장인물들조차도 실재하지 않는 형상을 실재하는 것처럼 착각하게 하며, 메타픽션은 독자로 하여금 일루전을 자각하게 만들어 그것을 파괴하고 성찰하도록 유도한다. 결과적으로 독자는 환상과 리얼리티를 오가며 관점의 변화를 느끼고 형이상학적 사고로 진입하게 된다.[4]

---

[3]   세르반테스, 안영옥 옮김, 『돈키호테 2』, 열린책들, 2014.

[4]   리차드 혼비, 백현미 · 노승희 옮김, 『드라마, 메타드라마, 지각』, 전남대학교출판부, 2012, p.45.

무대 너머의 세상, 메타드라마

메타드라마라는 용어를 처음 사용한 라이오넬 아벨(Lionel Abel)은 셰익스피어가 메타적 전략으로 반영적 극의 기법을 사용했다고 최초로 언급하였다. 아벨은 자신의 저서에서 일루전을 깨는 극을 메타연극(Metatheatre)이라고 명명했다.[5]

셰익스피어는 이미 400여 년 전, 메타전략을 사용하여 '세상은 무대', '신은 연출가', '인간은 무대 위의 배우'라는 반영적 극의 형식을 선보였다.[6] 반영(反映, reflection)이란 사전적 의미로 빛이 반사하여 비친다는 뜻으로 어떤 현상을 비추는 것이다.[7] 마찬가지로 작품의 자기반영성이란 작품에 현실·시대상·작가의 의식을 반영하는 것을 의미한다. 셰익스피어가 언급한 '세상은 무대(thatrum mundi)'라는 관점은 인간이 영위하는 현실의 세계와 함께 천상의 세계를 이중으로 인식했던 당시의 시대상을 반영하고 있다.

예를 들어 《햄릿》에서 햄릿은 자신의 아버지를 살해한 클로디어스를 직접 심판하고 싶었으나 클로디어스가 천국에 갈 것을 우려해 처난을

---

5   Lionel Abel, 『Metatheatre: A New View of Dramatic Form』, Hill and Wang, 1963. p.61.

6   황계정, 『메타드라마』, 연세대학교출판부, 1992. p.42.

7   표준국어대사전, 국립국어원. https://stdict.korean.go.kr/search/searchView.do

미룬다. 햄릿은 인간 세계에서 클로디어스에게 죽음으로 복수할 수 있었으나 클로디어스가 회개하고 천국에 간다면 진정한 복수를 이룰 수 없다고 생각한 것이다. 이것은 아리스토텔레스의 이론, 즉 현실 세계에서 삶을 영위하는 인간과 함께 천상 세계의 신의 존재를 인정하는 형이상학과도 맞닿는다.

아리스토텔레스가 '현상 너머의 것(ta meta)'을 논한 것과 셰익스피어가 '무대 너머의 세상'을 언급한 것은 가시적인 상황을 초월하여 사고하는 메타적 관찰 방식이라 할 수 있다. 이와 같이 반영적 극으로서의《햄릿》은 당시의 시대상을 반영함과 동시에 진정한 복수가 무엇인지에 대한 작가의 자의식을 반영한다.

외부 세계(A)와 언어 표현(B) 사이에 상황과 문맥을 해석하는 메타언어(C)처럼 반영적 극이란 존재(A)와 반사된 모습(B)을 함께 인식하며 시대상과 자의식을 탐색(C)하는 것이다.

메타언어와 메타드라마 비교

	A	B	C
메타언어	외부 세계	언어 표현	상황과 문맥 해석
메타드라마 (반영적 극)	존재	반사된 모습	시대상 · 자의식 탐색

이후 리처드 혼비(Richard Hornby)는 아벨이 쓴 『메타연극』(1963)이 탁월한 저작이지만 메타연극이 명료하게 정의되지는 않았다고 언급하며 메타연극의 특징을 현상학적으로 극중극, 극중의례, 역할놀이, 극 안에서의 문학 및 실생활에 대한 언급 등으로 세분하였다.[8]

"극중극이 존재론적 관심을 탐험하는 장치이며 극중의례는 사회적 관심을 탐험하는 장치 그리고 역할놀이는 개인의 관심을 탐험하는 장치이다."

혼비는 이와 같이 극 안에 또 다른 극이 보이는 '이중으로 함께 보기'가 메타드라마의 진정한 근원이라고 주장한다.[9] 드라마는 외적인 현실을 직접 반영하지 않고 드라마가 드라마를 비추며, 관객이 드라마 내부와 외부의 세계를 이중으로 지각하게 한다. 따라서 메타드라마는 드라마가 드라마를 비추는 자기반영의 형식을 통하여 주제, 즉 현상 너머의 의미를 전달하는 것이다.

드라마를 쓰는 작가는 자신의 생각을 수용자에게 전달하기 위해 은유를 활용하여 유사한 대상에 빗대어 표현하며, 이 과정에서 작품은 나른 대상에 대한 반영이 되고, 이를 보는 수용자들은 각자의 경험과 생각에 이를 다시 빗대어 해석을 도출하게 되는 것이다.

8　　리차드 혼비, 앞의 책, p.44.

9　　위의 책, pp.142~143.

다음 장에서는 메타드라마의 개념과 예시에 대해 좀 더 살펴보면서
메타 개념을 구체화하고, 나아가 《오징어 게임》의 메타드라마 전략을
이해할 토대를 마련하고자 한다. 《오징어 게임》 서사의 메타드라마적
특징을 이해하면 그에 연동되어 있는 음악의 메타성을 파악하는 데에
도움이 될 것이다.

(2)

현실과 허구를 넘나드는
메타드라마

○△□

드라마, 그 허구의 세계

드라마는 작가의 세계관을 반영한 허구의 세계이다. 특히 희곡을 바탕으로 하는 드라마에서는 작가의 개인적인 경험과 그 시대의 상황이 작품의 세계관에 자연스럽게 녹아들어 있다. 아리스토텔레스는 『시학』에서 드라마를 '행동의 모방'[1]으로 정의하였고, 세익스피어는 《햄릿》에서 드라마가 '자연을 비추는 거울'이라고 설명하였다.

작가는 단순히 과거를 재현하는 데 그치지 않고 현재 자신이 존재하는 장소와 시대 그리고 인간 삶의 복잡성을 작품 속에 깊이 있게 연결시킨다. 그가 그려 내는 과거의 시대는 전체적이면서도 세부적인 관계들 속에 얽혀 있어 역사적 맥락과 개인적 경험이 상호작용하며 복합적인

---

1   아리스토텔레스, 박문재 옮김, 『아리스토텔레스의 시학』, 현대지성, 2021, p.16.

의미를 형성한다.

　작가의 지각은 단순히 개별적으로 존재하는 것이 아니라 다양한 구조와의 상호작용을 통해 형성된다. 관객은 작가가 만들어 내는 세계를 통해 시간과 공간을 넘나들며 새로운 현상을 발견하고 그 세계에 몰입하게 된다.

　인간은 다른 사람과의 교류 속에서 인정받고자 하는 멈추지 않는 욕망 때문에 갈등한다.[2] 갈등은 드라마 속에서 자신과의 내적 갈등, 인간과 인간 사이의 2자 관계에서의 갈등, 복수나 잘못된 질투, 유괴, 인간과 사회 간의 갈등, 때로는 권력 게임의 형태로 다양하게 나타난다.

　인간과 인간 사이에 교류가 지속되는 한 인생은 갈등과 게임의 연속이라 할 수 있다. 이러한 측면에 대해서 리처드 혼비는 '문화야말로 드라마의 핵심'이라 주장한다. 그의 주장에 따르면 드라마는 현실을 이해하는 중요한 모델이며, 작품은 드라마를 통해 문화와 인간 사회를 탐구하는 과정이 된다.

2　Eric Berne, 조혜정 옮김, 『심리 게임』, 교양인, 2009. p.32.

존재와 실체에 대한 고찰

"메타드라마는 드라마에 대한 드라마"라고 정의할 수 있다.[3] 이는 드라마 안에 새로운 드라마가 등장하는 경우 또는 극중극 장치를 의미한다. 드라마를 통해 관객은 현실에 있을 법한 상황에 매료되고 등장인물에게 감정이입을 하면서 몰입[4]에 빠진다. 그러나 극 중에 새로운 극이 삽입되거나 작품 안에서 자기 언급이 등장하면 관객은 극 자체에 거리감을 느끼며 몰입에서 깨어나는 감각을 느끼게 된다. 따라서 메타드라마는 드라마의 일루전을 깨는 역할로 기능한다고도 볼 수 있을 것이다.

유추(analogy)는 둘 이상의 현상들 사이에 유사한 내적 관련성을 알아내려는 사유이다. 이러한 유추는 은유와 함께 희곡에서 널리 사용된다. 셰익스피어는《맥베스》에서 다음과 같이 말한다.

"인생은 걸어 다니는 그림자, 무대 위에 나와서 뽐내며 걷고 안달하며 시간을 보내다 사라지는 서툰 배우"(5막)

---

3   리차드 혼비, 앞의 책, p.43.

4   보통 일루전으로 음역되거나 환상, 환영, 착각 등으로 번역되는 illusion은 관객이 극세계를 실세계와 동일한 것으로 간주하고, 리얼리티의 허구성을 망각한 채 진짜인 것처럼 수용하는 태도나 그 상태를 말한다. 하지만 이 용어가 아직 보편적으로 수용되고 있지는 않기 때문에 본 연구에서는 맥락과 의미에 따라 '몰입'이나 '일루전' 등의 용어로 변주하며 사용하겠다.(백승무, "불가코프의 메타드라마 연구",『비교문화연구』, 23, 2011, p.128.)

이것은 바로크 시대에 풍미했던 테아트룸 문디(thatrum mundi)의 세계관을 대변한다.[5] 이는 인생을 연극에 비유하는 '세계는 하나의 무대'임을 의미한다.

메타드라마의 본질은 존재와 실체에 대한 의미를 고찰하는 데 있다. 존재와 실체에 대한 고찰은 일찍이 플라톤이 동굴 비유를 통해 설명한 바 있다.[6] 동굴의 벽만 보고 살던 사람들의 세상은 빛과 그림자가 전부였다. 그러나 동굴 밖으로 나가 실제 세상을 마주한 사람은 자신이 그동안 인지하던 세상이 허구였음을 깨닫게 된다. 동굴 속의 빛과 어두움은 동굴 외부의 태양 빛에 의해 발생한 그림자에 불과하다는 사실을 깨닫는 것이다.

이것은 가상과 실상을 구분 짓는 깨달음이다. 드라마는 동굴 속 세상과 같다. 드라마는 본질적으로 가상 세계이며, 드라마 외부의 실상과는 거리가 있는 것이다. 메타드라마는 이러한 드라마의 허구성을 드러냄으로써 관객에게 이중보기와 관점의 변화를 유도한다.

---

5   이용복, "극중극의 특성 및 그 의의에 대한 연구", 『한국연극학회』, 40, 2012, p.200.
6   최현, 『플라톤의 국가론』, 집문당, 1989, pp.274-278.

심리 게임에 내포된 메타성

"우리는 무대 위에 올려진 배우들로 시선을 의식하며 행동한다."[7]

라캉의 말이다. 여기에서 시선이란 자신이 본인을 바라보는 시선과 다른 사람이 자신을 바라보는 시선을 포괄한다.

에릭 번(Eric Berne)은 일상적 대화에서 나타나는 역할놀이를 '심리 게임'이라는 개념으로 정의한 바 있다.[8] 심리 게임이란 겉으로 드러나지 않은 상대의 동기를 파악하고 예측 가능한 결과를 이끌고자 하는 행위 또는 그러한 행위에 기반한 관계를 의미한다. 게임은 늘 재미를 위해서만 행해지는 것은 아니며, 인류학자들은 게임이나 놀이가 얼마나 심각해질 수 있는지 그리고 그것이 얼마나 중대한 결과를 낳을 수 있는지 잘 알고 있다.[9]

심리 게임의 특징은 표면적인 현상과 이면적인 의도가 일치하지 않는다는 것이다. 게임에 참여하는 사람들은 자신의 내적 욕구를 암시적이고 미묘한 방식으로 드러낸다. 표면적으로 나타나는 언어의 이면적인

---

7   자크 라캉, 권택영 · 이미선 · 민승기 옮김, 『욕망이론』, 문예출판사, 1994, p.33.

8   송현옥, "게임의 극화: Harold Pinter의 작품 세계", 고려대학교 박사학위논문, 1996, p.17 참조

9   Eric Berne, 앞의 책, p.75.

심리는 다른 것을 내포하고 있으며, 이에 따라 다양한 형태의 심리 게임이 만들어질 수 있다. 표면과 이면을 연결 짓는 내적 동기는 결국 자신과 타인의 시선을 통해 해석될 수 있는 것으로, 이러한 관점에서 심리 게임은 본질적으로 메타적인 접근 방식을 내포하는 개념이다.

혼비는 메타드라마의 유형을 극중극, 극중 의례, 역할놀이, 문학 및 실생활 언급, 자기 언급, 드라마 안에서 드러나는 지각, 총 여섯 가지로 분류한다. 이 유형들은 메타드라마를 통해 진실을 발견하는 수단이 될 수 있다. 그렇다면 혼비가 말하는 메타드라마의 유형들이 다양한 매체 속에서 어떻게 전략적으로 나타나는지 자세히 살펴보자.

$$\text{(3)}$$

현상을 비추는 두 개의 거울
《햄릿》

○△□

셰익스피어와《햄릿》

셰익스피어는 어떻게 400년 전에 메타드라마 전략을 사용할 수 있었을까?

셰익스피어는 시골 농부의 아들로 태어나 성경과 옛 문학작품을 통해 읽기와 쓰기를 배웠다고 전해진다.[1] 셰익스피어는 개인적인 어려움과 시대적인 혼란을 함께 겪었다. 당시의 중세는 르네상스로 바뀌며 빚어진 가치관의 혼돈, 종교개혁, 17세기의 역병과 기근 등 기존의 질서가 무너지고 새로운 질서가 태동하는 혼란 그 자체였다.

여기에 더해 셰익스피어는 아들과 아버지가 잇따라 사망하자 개인적

---

1   윌리엄 셰익스피어, 신동운 옮김, 『햄릿』, 스타북스, 2020, pp.4-5.

어려움을 승화시켜 《햄릿》을 집필하였다. 그래서인지 《햄릿》에는 죽음의 알레고리가 자주 등장하고 '모든 것은 신의 섭리'라는 종교적 사상으로 결론을 내린다.

나는, 그리고 너는 누구인가?

셰익스피어는 극에 자신의 자의식을 반영하여 메시지를 제시한다. 『햄릿』은 인간 삶의 본질이 무엇인지에 대한 질문을 중심으로 서사를 진행한다. 극이 시작되면서 보초병들은 서로 '거기 누구냐?', '너는 누구냐?'라고 묻는다.

햄릿은 돌아가신 부왕의 혼령을 만나, 아버지가 숙부 클로디어스에 의해 살해되었으며 숙부가 자신의 어머니마저 차지하는 악행을 저질렀음을 듣게 된다. 햄릿은 복수를 시행하기 이전에 유령의 말이 진실인지 스스로 확인해 보고자 '미친 체하기'를 한다. 그는 미친 사람처럼 행동하며 주변 인물들의 욕망을 간파하고 숨겨진 진실을 밝혀내려 한다.

유령이 말한 숙부의 악행을 밝혀내기 위한 그의 방식은 역할놀이와 심리 게임의 측면으로 해석이 가능하다.[2] 햄릿의 '미친 체하기'는 염탐

2　홍기영, 『셰익스피어와 문학비평』, 한빛문화, 2012, p.121.

꾼을 혼란스럽게 만드는 일종의 역할놀이였으며, 진실을 밝히고자 하는 내적 욕구와 전혀 관련이 없어 보이는 행동을 하는 심리 게임이기도 하다.

한편 고립된 상황에서 미친 척을 하는 것은 햄릿 자신마저 광기로 몰아넣는다. 햄릿의 미친 척은 미친 것과 유사한 무의식적 요소가 그의 성격에 숨겨져 있음을 나타낸다.[3] 햄릿이 진실을 찾아내기 위해 선택한 '미친 체하기'는 주변의 인물들에게 '거기 누구냐?', '너는 누구냐?'라는 질문을 던지는 그만의 방식이었으며, 동시에 스스로에게도 같은 질문을 던지는 도전이었다고 생각해 볼 수 있다.

《햄릿》 속 심리 게임

햄릿과 클로디어스는 적대 관계에 놓인 인물들로, 햄릿은 권력을 가진 클로디어스의 감시와 공격 그리고 내적 고뇌 가운데 고통을 받는다. 클로디어스는 왕이었던 형을 독살하고 왕위에 올랐다는 자격지심과 자신의 악행이 밝혀지는 것에 대한 불안감을 갖고 있는 인물이다.

그의 불안한 심리는 햄릿의 약점을 끈질기게 알아내려는 태도를 통해

[3]　리차드 혼비, 앞의 책, p.124.

드러난다. 그는 햄릿의 연인인 오필리어의 아버지 폴로니어스와 함께 햄릿이 지닌 광증의 원인을 파악하고자 한다. 이는 클로디어스 내면의 불안감을 해결하고자 하는 게임으로, 교류적 측면에서 염탐과 병적 호기심 내지는 경계심이 내포되어 있다고 볼 수 있다.[4]

햄릿의 주변 인물들은 그를 잡기 위해 놓인 쥐덫과도 같다. 폴로니어스의 딸 오필리아는 '나의 사랑만은 의심하지 말아 달라'는 햄릿의 당부에도 불구하고 아버지의 술책에 합류한다. 오필리어에 대한 실망과 유령의 말을 믿을 것인지에 대한 고뇌, 클로디어스와 결혼한 어머니에 대한 증오 등 햄릿은 내적으로 수많은 덫에 둘러싸여 있다. 심지어 클로디어스의 감시라는 외부적 덫에 직면한 햄릿은 매우 고립된 상황에 처해 있다.

내외부의 덫에 둘러싸여 고립된 상황에서 진실을 모색하는 데 한계를 느낀 햄릿은 도리어 쥐덫을 놓는 방식으로 대응한다.

"왕의 본심을 살피기에는 연극이 제일이다."

햄릿은 2막 2장에서 이같이 언급하며 3막 2장에서 "선은 선한 대로 악은 악한 대로 비추는" 연극을 통해 진실을 탐색할 것이라고 말한다. 햄

4　　에릭 번, 앞의 책, p.162.

릿은 연극 《쥐덫》의 극작가와 연출자의 역할을 하며 유랑극단 배우들에게 연기를 직접 지도한다. 햄릿은 그의 말대로 '해괴한 장난질'을 통해 자신의 아버지를 살해한 살인자가 클로디어스인지를 《쥐덫》이라는 거울을 통해 확인하고자 한 것이다.

극중극 《쥐덫》의 역할

극 초반에 등장하는 말 없는 유령의 출현과 무언극은 햄릿의 아버지가 독살당하던 상황을 반영한다. 또한 그는 극중극에 자신의 롤모델인 피로스를 등장시켜 피로스의 복수극을 재현하며 복수를 열망하는 본인의 내면을 암시한다. 햄릿의 연출은 자신의 의도를 감추고 오히려 관객인 클로디어스를 관찰하여 그의 내면을 간파하고자 하는 고도의 연극적 장치이다.[5]

극중극 《쥐덫》은 클로디어스의 악행을 반영하여 그의 반응을 통해 진실을 비추어 보고자 하는 고도의 심리 게임인 것이다. 그와 동시에 극중극 《쥐덫》은 관객이 '이중보기'를 할 수 있도록 유도하는 장치이기도 하다.

5   홍기영, 앞의 책, p.119.

극에 몰입하던 관객은 클로디어스와 등장인물들이 극 안에서 연극 관객이 되는 모습을 통해 일루전에서 벗어나게 된다. 햄릿이 《쥐덫》의 연출자로 변한 희극적 순간에, 관객은 이중보기를 통해 극에서 한 걸음 빠져나와 상황을 분석적으로 관망하며 극을 전체적으로 이해하게 되는 것이다.

《햄릿》의 심리 게임을 통한 이중보기

이중보기	극중 현실	극중극 《쥐덫》
햄릿의 역할	미친 체하기	《쥐덫》의 연출자
클로디어스	햄릿을 응시하며 덫을 놓음	《쥐덫》의 관객이 되어 덫에 걸림
유령	말없이 출현했다 사라짐	무언극
피리 소리	햄릿은 클로디어스의 뜻대로 소리 내지 않음	햄릿은 극중극을 통해 클로디어스가 소리를 내게 함
현실과 가상	혼돈, 공허 상태	실체와 진실을 보게 함

햄릿의 극중극 《쥐덫》은 그 제목을 통해 햄릿 자신이 만들어 내고자 하는 결말을 반영한 것으로 볼 수 있다. 이러한 시각에서 보면 햄릿은 아버지의 원수 클로디어스에게 '미친 척하기'에서 극작가이자 연출자로서 게임을 펼치는 것으로 해석할 수 있다. 햄릿은 극을 공연함으로써 표면적으로는 연극을 보여 줌과 동시에 극 이면의 숨은 메시지를 전달한다.

극중극 《쥐덫》으로 심리 게임을 펼치는 기지를 발휘한 햄릿은 명석한 두뇌를 가진 인물로서 특유한 통찰력으로 인간의 본질을 꿰뚫어 본다. 그는 메타적 관점에서 현상을 관조하게 된 이후 죽음도 신의 섭리라는 것을 깨달으며 죽음을 피하지 않는 결단력을 보여 준다. 결국 《햄릿》은 가상과 실상 사이에서 본질을 탐구하는 것을 주제로 하여 전개되는 메타드라마임을 알 수 있다.

《햄릿》에 나타나는 반영성

《햄릿》에서 나타나는 메타드라마의 중요한 핵심 개념인 반영성 (reflexivity)은 세 가지 형태로 드러난다. 첫째, 작가의 자의식 반영, 둘째, 작품에 대한 반영, 셋째, 관객의 자기반영이다.

《햄릿》에서는 작가 셰익스피어가 작품에 자의식을 반영하고 있으며, 《쥐덫》을 통해 《햄릿》의 서사를 반영하여 작품으로써 작품을 반영하고, 마지막으로 극중극에서 배우와 관객의 전복을 통해 관객이 자신의 경험과 생각에 근거해 작품을 해석할 수 있도록 하고 있다. 이처럼 메타드라마는 현상을 반영하는 거울에 또 다른 거울을 비추어 관객에게 이중 보기의 기회를 제공한다.

④

메타뮤지컬의 정수
《오페라의 유령》

○△□

원작 소설『오페라의 유령』

가스통 르루(Gaston Louis Alfred Leroux, 1868~1927)가 발표한 소설『오페라의 유령』(1910)은 파리의 한 오페라 극장을 배경으로 한 작품이다.

이 작품은 오페라 극장 지하에 사는 유령에 대한 의문과 함께 수수께끼 같은 사건들이 연달아 일어나면서 공포와 긴장감 속에 이야기가 전개되는 추리소설이자 연애소설이다. 소설의 중심에 있는 유령은 사회에서 버림받은 익명의 인물로 나타나지만, 이후 아름다운 목소리와 순수한 마음을 지닌 크리스틴에게 연정을 품으면서 증오, 질투, 연민, 사랑을 느끼는 구체적인 인간으로 재현된다.

이 소설을 기반으로 제작된 뮤지컬 《오페라의 유령》은 신비한 스토리와 더불어 앤드류 로이드 웨이버의 음악, 화려한 의상과 무대장치, 특수효과, 그리고 안무 등을 활용하여 성공을 거두었다.

뮤지컬 속 세 개의 오페라

뮤지컬 《오페라의 유령》의 메타드라마적 특징으로는 극중극, 공간의 이중보기, 의식과 무의식의 알레고리, 거울의 사용, 가면무도회 등을 꼽을 수 있다. 특히 극 중 오페라 《돈 주앙의 승리》는 등장인물이 직접 연출하여 자기 내면의 욕망을 반영하였다는 점에서 햄릿의 극중극 《쥐덫》과 유사한 면모를 지닌다.

뮤지컬 《오페라의 유령》의 독특함은 극 중에 오페라 《한니발》, 《일 무토》, 《돈 주앙의 승리》가 삽입된다는 점이다. 구조적으로 뮤지컬 너머로 또 다른 뮤지컬이 보이므로 '메타뮤지컬'이 된다. 이 중에서 세 번째로 등장하는 《돈 주앙의 승리》는 극 중 유령이 작곡한 오페라이다.

작품의 주인공이라 할 수 있는 오페라의 유령이 직접 작곡한 오페라를 공연하게 하고 주인공이 직접 무대에 올라 돈주앙을 연기한다는 점에서 '자기 지시성'을 띠고 있다. 오페라의 유령인 팬텀은 무대 밖에서 무대를 바라보기도 하고, 무대에 올라 관중을 바라보기도 하며 '거울 속의 거울'처럼 작품 안에서 예술의 대상 자체를 재현하는 자기 지시성을 띤다.

작품에 유령이 등장하는 장면은 많지 않지만, 서사 전반에 걸쳐 보이지 않는 유령의 시선이 강조되고 있다. 예를 들어 첫 번째 극 중 오페라인《한니발》의 리허설에서 무대장치가 떨어지는 사고가 발생하는데, 이는 크리스틴이 여주인공 자리를 얻게 되는 중요한 계기가 된다. 이후에도 팬텀은 극장의 운영에 영향을 주며 응시하는 시선을 드러낸다.

유령은 거울을 통해 자신을 드러내기도 하는데, 특히 크리스틴을 부를 때 거울을 자주 매개로 사용한다.《한니발》의 성공적인 공연 이후 크리스틴이 혼자 분장실에 남아 있을 때 그녀가 거울 속 팬텀의 목소리를 듣고, 거울을 통해 팬텀이 있는 지하 세계로 들어가는 장면에서 이를 알 수 있다.

이원화된 공간성

《오페라 유령》에서의 공간은 위와 아래로 이원화되어 있다. 무대 위에서는 리허설과 스펙터클한 장면이 펼쳐지는데, 이는 화려하고 안전한 사회적 공간으로 표현된다. 반면 팬텀이 지내는 지하 공간은 위험하고 버림받은 자의 공간으로서 금지된 공간으로 묘사된다. 이 두 공간을 연결하는 것은 거울이다. 크리스틴은 거울을 통해 오페라 무대와 지하 세계를 넘나들다가 팬텀을 만나 그의 세계로 들어가게 된다.

알레고리의 역할

한편 극중극 《돈 주앙의 승리》는 알레고리의 역할을 수행한다. 알레고리란 표현하고자 하는 새로운 대상을 기존에 존재하던 관습적 기호를 차용하여 설명하는 시적 방식이다.

그러나 그러한 관습적 틀은 그것을 차용하고 재구성하는 사람의 주관에 의해 파괴되고 재창조된다. 굳어진 생각에 의문을 던지고 새로운 아이디어를 제시하는 것이 알레고리의 또 다른 역할인 것이다.[1]

예를 들면 《돈 주앙의 승리》에서 돈 주앙은 당대 바람둥이의 이미지로 고착화된 인물로, 사랑에 고뇌하는 인물이 아니다. 그러나 돈 주앙이 팬텀에 의해 패러디됨으로써 크리스틴에 대한 사랑으로 고뇌하는 자기반성적 특성을 띠게 된다. 이는 관습의 붕괴이며 팬텀의 내적 세계를 드러내는 요소로 작용한다.

팬텀은 크리스틴을 통해 자신의 음악을 만들고자 하는 욕망과 그녀에게 사랑받고자 하는 욕망을 동시에 갖고 있는 인물이다. 팬텀은 크리스틴이 라울과 오페라 극장 옥상에서 사랑을 약속하는 모습에 질투를 느끼고 분노한다. 6개월 후 팬텀은 《돈 주앙의 승리》라는 오페라 곡

---

1   임석원, "발터 벤야민의 알레고리 개념 연구", 서울대학교 석사학위논문, 2003, p.61.

을 작곡하여 가면무도회를 즐기고 있는 무대에 나타나 악보를 던져 주
며 공연할 것을 지시하고, 여자 주인공 체를리나 역으로 크리스틴을
지목한다.

팬텀은 크리스틴을 향한 자신의 욕망과 질투를 독특한 연상으로 표출
한 것이다. 그것은 모차르트의 돈 조반니와 닮은 것으로, 숨겨진 자신
의 욕망을 찾아내는 것이다. 즉, 다른 사람의 약혼자를 빼앗으려는 계
략이다. 라울은 공연을 미끼로 팬텀을 잡으려고 《돈 주앙의 승리》 공연
을 수락한다.

패러디 원작과의 차이점

극 중 오페라 《돈 주앙의 승리》의 모티프는 모차르트의 오페라인 《돈
조반니》이다. 모차르트가 작곡한 오페라 《돈 조반니》는 1620년 스페인
극작가인 티르소 데 몰리나(Tirso de Molina, 1579~1648)가 쓴 희곡 『세
비야의 바람둥이와 석상 손님』을 토대로 한다.

《돈 조반니》에서 돈 조반니는 체를리나를 유혹하려다가 목적을 이루
지 못하고, 도리어 자신이 살해한 망자의 저주를 받아 죽게 된다. 반면
《오페라의 유령》의 극중극에 등장하는 돈 주앙은 쾌락에 빠진 인물이

아니라 사랑에 빠진 인물로 나타난다.[2]

여기서 돈 주앙은 오페라의 유령이 자신의 심적 상태를 반영하는 인물이 되고, 팬텀은 모차르트의 오페라를 패러디한 것으로 해석된다. '패러디(parody)'란 대중에게 널리 알려진 기존의 원작을 자신의 작품 속에 녹여내 원작이 품고 있는 특징을 노골적으로 혹은 암시적으로 변형시켜 재탄생시킬 수 있는 독특한 아이디어 기법이다.[3]

팬텀은 크리스틴이 라울과 비밀리에 약혼한 사이라는 사실에 고통과 질투를 느끼고 크리스틴을 무대 위에서 납치하려 한다. 오페라《돈 조반니》의 돈 조반니는 체를리나를 유혹하려고 했던 자신의 계획에 실패하지만, 《돈 주앙의 승리》 무대에서 돈 주앙으로 등장한 팬텀은 크리스틴을 납치하는 데 성공한다.

극 중 오페라와 리얼리티의 경계에서

팬텀이 작곡한 《돈 주잉의 승리》는 펜텀의 심리를 파악하는 데 중요한

---

2   박소윤, "문학적 傳承을 통해 본 뮤지컬 분석", 성균관대학교 석사학위논문, 2009, p.2.

3   황지애, "영화 'Mission: Impossible – Rogue Nation' 의 패러디적 기법의 활용 분석 연구", 상명대학교 석사학위논문, 2016, p.4.

단서를 제공한다. 그동안 팬텀은 보이지 않는 곳에서 무대를 응시하는 리얼리티의 세계에 있었지만, 극중극 《돈 주앙의 승리》에서는 자신이 직접 역할놀이에 참여하며 숨겨진 욕망을 공개적으로 드러낸다. 크리스틴과 라울이 서로 비밀리에 약혼하고 가면무도회에서 축제를 즐길 때 팬텀은 자신의 오페라 《돈 주앙의 승리》 악보를 던지며 사건을 만든다.

우여곡절 끝에 극 중 오페라인 《돈 주앙의 승리》가 무대에 오르고 팬텀은 돈 주앙 역할을 맡은 가수 피앙지를 대기실에서 살해한 후 크리스틴을 유혹하는 돈 주앙의 역할로 무대에 직접 오른다.

극 중 오페라와 리얼리티의 경계가 모호해질 즈음 크리스틴이 팬텀의 가면을 공개적으로 벗겨 그의 흉측한 외모가 무대 위에서 드러난다. 오페라 무대에 오른 팬텀을 모두가 주목하는 가운데 분노한 그는 오페라 공연을 망치고 크리스틴을 공개적으로 유괴한다. 다른 사람의 약혼자를 빼앗으려는 계략은 살해와 유괴로 이어진다.

오페라 《돈 주앙의 승리》는 등장인물이 직접 연출하여 자기 내면의 욕망을 지시하였다는 점에서 햄릿의 극중극 《쥐덫》과 유사한 면모를 지닌다.

(5)

현실과 가상의 무한 반복
《매트릭스》

무한 반복 속에 놓이다

이 장에서는 영화 《매트릭스》를 통해 작품의 자기반영성과 미장아빔 (mise en abyme)[1]적 표현기법에 대해 살펴보고자 한다. 자기반영성은 '되돌아보다'라는 라틴어 'reflectere/reflexio'와 '스스로'라는 의미의 접두어 'self'의 합성어로서, '본인의 조건에 대한 자기 검토'를 지칭하는 용어이다.[2] 이러한 자기반영성은 메타적인 형식을 통해 관객으로 하여금 작품과 일정한 거리를 두고 인식의 변화를 경험할 수 있도록 한다.

---

1   앙드레 지드(1869~1951)는 1893년 그의 일기에서 처음 미장아빔이라는 용어를 사용했다. 미장아빔은 문장(紋章: 상징, 기호)에 대한 작은 문장들을 의미하고 그것의 격자 구조가 마치 액자 구조인 이야기 속의 이야기, 그림 속에 그림, 극중극 등으로 반영성을 드러낸다고 언급했다.

2   Robert Stam, 이수길 옮김, 『어휘로 풀어 읽는 영상기호학』, 시각과 언어, 2003, p.377.

자기반영적 성격을 가진 기법으로 미장아빔을 들 수 있다. 미장아빔은 극중극, 그림 속의 그림, 책 속의 책 등을 지칭하는 용어로, '무한 반복 속에 놓이다'라는 뜻을 가지고 있다. 이에 미장아빔을 통한 존재와 실체에 대한 논의를 다루어 보고자 한다.

0과 1로 규격화된 매트릭스의 세계

픽셀의 행렬로 이루어진 매트릭스 세계는 컴퓨터 메모리에 저장되는 0과 1의 숫자에 토대를 둔 기표들의 놀이로 볼 수 있다. 매트릭스 세계에서 통제받고 있는 네오의 상황은 그의 방 번호인 101호를 통해서도 표현된다.

컴퓨터는 프로그램의 대상과 주체의 역할을 바꾸고 인간의 삶에 인공적인 경험을 주입하는 사이버 지능이다.[3] 매트릭스의 세계는 통제를 위해 실제보다 더 실제 같은 가상을 만들어 내어 가상 세계 속에서 사람들을 기만하고 조종하는 모습으로 묘사된다. 0과 1로 규격화된 매트릭스 세계에서 주체가 스스로 결정할 수 있는 것은 없다. 그것은 억압이며 폭력이다. 권력이 행하는 폭력이며 일방적인 이미지의 세계가 된다.

3　　Slavoj Zizek, 이운경 옮김, 『매트릭스로 철학하기』, 한문화, 2003, p.63.

영화 《매트릭스》(The Matrix, 1999)는 자기반영성과 깊이 연관된 작품이다. 매트릭스란 사람들을 가상 세계에 가두고 통제하는 컴퓨터 프로그램이다. 사람들은 이 프로그램이 만든 가상 세계 속에서 자신을 자각하며, 현실 세계와 마찬가지로 타인과 소통하며 지낸다.

영화 제목인 '매트릭스(Matrix)'는 본래 어머니를 뜻하는 라틴어 어원에서 파생되어 자궁의 의미를 갖게 되었으며, 현대에는 행렬, 세포를 둘러싼 조직 등의 의미로 사용된다.

시뮬라크르 시뮬라시옹과 불법 디스켓의 의미

장 보드리야르(Jean Baudrillard)는 '현실보다 더 현실 같은 가상'이라는 의미에서 원본과 복제의 위계가 전복된 상태를 하이퍼 리얼리티(hyper-reality)라고 불렀다. 그는 현대 사회가 진실과 허구가 뒤섞인 상태일 뿐만 아니라, 때로는 허구가 진실을 압도할 수 있다고 주장했다. 보드리야르는 우리가 실제라고 믿고 있는 대부분이 실제가 아닌 '시뮬라크라(simulacra)'라고 말한다. 가상임에도 불구하고 그것을 사실로 믿는 것이 문제라고 지적한다.[4]

---

4   심혜련, 『20세기 매체철학』, 그린비, 2012, p.201.

영화의 주인공 '네오(Neo)'는 불법 디스켓을 장 보드리야르의 '시뮬라크르 시뮬라시옹'이라는 책 속에 숨겨 둔다. 고객이 불법 디스켓을 사러 네오의 집을 방문할 때마다 그는 이 책을 펼쳐 디스켓을 꺼내 준다. 책을 열면 작은 상자가 나타나고, 그 상자 안에 불법 디스켓이 보관되어 있다.

이미 언급했듯 미장아빔은 '무한 반복 속에 놓이다'라는 뜻을 가지고 있다. 특히 앤더슨이 불법 디스켓을 만들기 위해 복제를 거듭하는 장면은 매트릭스 세계에서 픽셀이 격자 형태로 무한히 반복되는 모습을 은유적으로 보여 준다. 이러한 맥락에서 장 보드리야르의 시뮬라크르와 시뮬라시옹은 영화의 주제 의식을 단적으로 드러내는 중요한 소재라 할 수 있다.

영화 《매트릭스》의 주제 의식을 알 수 있는 소재들

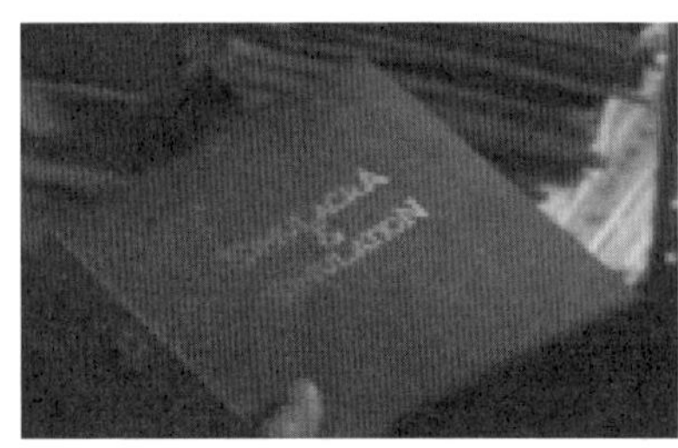

책 '시뮬라크르 시뮬라시옹'
(매트릭스 영화 8:28)

책 내부의 불법 복제 디스켓들
(매트릭스 영화 8:26)

외부 세계와 내부 세계를 이어 주는 장치, 거울

영화 《매트릭스》에서는 거울이 외부 세계와 인물의 내부 세계 사이를 이어 주는 장치로서 자주 등장한다. 영화 초반에 오토바이 백미러가 네오와 그를 체포하는 매트릭스 요원을 비추는 장면이 있다. 또한 트리니티가 거울을 통해 바라보는 장면과 실제 상황이 교차되어 제시되는 것은 트리니티의 존재와 매트릭스의 가상 세계를 암시한다. 이때 거울은 가상 세계인 매트릭스를 은유하는 중요한 장치로 사용된다.

모피어스가 네오에게 진실을 알리는 빨간 약과 모든 일을 잊게 하는 파란 약을 제시할 때도 거울은 중요한 상징적 역할을 한다. 모피어스의 선글라스에 거울처럼 비치는 두 가지 이미지는 진실과 허구의 경계를 암시하며, 이는 네오가 주체적으로 현실을 직시할 것인지 아니면 허구 속에 안주할 것인지에 대한 고뇌를 반영한다.

네오가 진실을 알게 하는 빨간 약을 선택한 뒤 연구실에서 거울을 마주하는 장면은 중요한 전환점을 나타낸다. 이 거울은 깨진 상태로 왜곡된 모습을 보여 주면시 네오의 정체성에 대해 의문을 제기한다. 거울의 왜곡은 가상 세계를 반영하는 동시에 또 다른 세계로 이어지는 통로 역할을 한다. 네오가 거울에 손을 대자 거울은 액체처럼 변하며 왜곡을 일으킨다. 이 장면은 거울이 가상 세계와 현실의 경계를 혼합하는 중요한 매개체임을 시사한다.

왜곡된 거울은 '베케트의 거울'과도 연관된다. 셰익스피어가 거울을 실체를 그대로 비추는 장치로 활용했던 반면, 베케트는 우리가 마주하고 싶지 않은 삶의 본질을 비추는 도구라고 보았다.[5] 《매트릭스》의 거울은 베케트의 거울처럼 비극적이고 처참한 현실을 반영하며, 디스토피아를 직시하게 하는 통로로 기능한다.

영화 《매트릭스》 속 거울

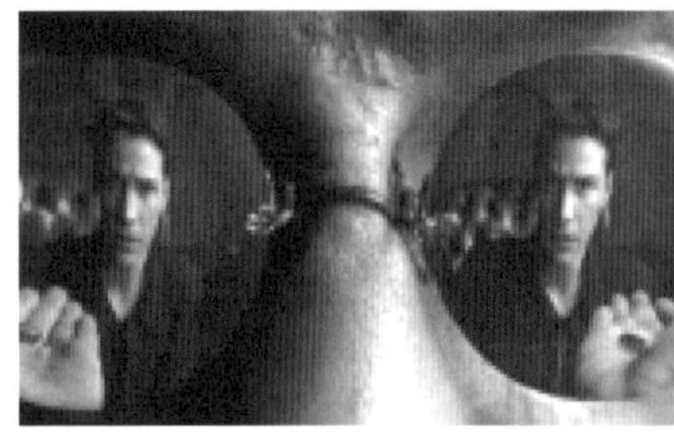

모피우스의 선글라스에 네오의 모습과
빨간 약과 파란 약을 선택하라는 손
(매트릭스 영화 29:31)

왜곡된 현실을 반영
(매트릭스 영화 31:37)

영화 《매트릭스》 속 동굴의 알레고리

주인공 네오는 모피어스의 도움을 받아 자신이 현실이라고 믿고 살아왔던 매트릭스라는 가상 세계에서 벗어나 진정한 현실에 직면한다. 그

---

5   방찬혁, 앞의 책, pp.121-146.

는 그동안 자신이 자궁과 같은 캡슐 속에서 에너지원으로 이용되었다는 사실을 깨닫고 경악한다. 이 사실을 알게 된 네오는 매트릭스 내에서 사람들에게 착취당하는 현실에 분노하며, 다른 이들에게 알릴 사명을 맡는다.

이것은 플라톤의 『국가론』에 등장하는 동굴의 알레고리와 유사하다. 동굴 안에 갇힌 사람들은 동굴 밖의 현실을 알지 못하고 오직 동굴 벽에 비친 그림자만을 실체로 여기며 살아간다. 네오의 여정은 바로 이 동굴을 벗어나 진실을 깨닫고 현실을 인식하는 과정과 일치한다. 매트릭스라는 가상 세계는 욕망을 충족하는 것들이 존재하는 세계이지만, 현실 세계는 케이블 선에 둘러싸인 찐득거리는 어두움으로 가득 차 있다.

영화의 마지막 장면에 나오는 매트릭스의 요원들은 네오에 의해 처치된다. 네오는 이 가상 세계에서 모든 요원이 사실상 가짜 인간에 불과하다는 것을 깨닫는다. 요원의 소멸은 결국 허상의 그림자에 지나지 않았음이 드러나는 것이다.

미장아빔과 자기반영성

미장아빔은 작품뿐만 아니라 관객까지도 무한 반복 속에 던져 넣음으로써 실제와 허구, 복제 사이에서 존재와 실체를 논의하도록 유도한다. 이 과정에서 보드리야르의 시뮬라크르와 시뮬라시옹은 중요한 단서로 기능한다.

　네오의 실존적인 고민을 통해서 무엇이 진실인지, 무엇을 선택할 것
인지에 대한 질문이 제기된다. 관객은 이 과정을 통해 매트릭스의 허구
성을 인식하고 작품을 한 발짝 떨어져서 비판적으로 바라보게 된다. 이
는 작품을 바라보는 관객이 스스로 사고하고 해석하는 자기반영성의 가
치를 드러내는 중요한 측면이라 할 수 있다.

Part 2

메타음악의
작동 방식

패러디, 자기반영성, 알레고리의 틀에서 음악의 메타성을
탐구한다. 모차르트의 〈음악적 농담〉과 생상스의 〈동물의
사육제〉를 통해 패러디를, 베토벤의 피아노 소나타 〈고별〉
과 브람스의 〈슈만 주제에 의한 변주곡 Op.9〉을 통해 자기
반영성을 분석한 다음, 알레고리가 음악의 주제 전달에 미
치는 영향을 하이든의 교향곡 〈고별〉과 생상스의 〈동물의
사육제〉에서 확인한다.

①

음악 너머의 음악,
메타음악의 연구

○△□

음악은 시간적 · 청각적 예술이다

음악의 메타성에 관한 연구를 검토하기에 앞서 음악이 전달되는 방식을 두 가지 측면에서 검토하고자 한다.

첫째, 음악은 시간이라는 질서 속에서 리듬, 선율, 화음, 음색을 의미 있는 형태로 표현하는 시간적 · 청각적 예술이다.[1] 리듬은 음악의 기초적인 구성 요소 중 하나로, 박자라는 규칙을 따르는 동시에 독자적인 역동성을 가진다. 따라서 리듬은 박자와 공존하면서도 그 안에서 새롭게 자유성을 부여받는다.

악보 안에서 리듬은 주로 길고 짧음이나 많고 적음의 패턴으로 나타

---

[1]   전상직, 『음악의 원리』, 음악춘추사, 2020, p.15.

난다. 이 패턴은 음과 결합되어 선율로 작곡가의 심리를 표현하는 역할을 한다. 언어가 아무렇게나 나열되지 않듯이 음악의 선율도 맥락에 알맞은 패턴을 갖춘다. 이러한 선율은 반복되기도 하고 특정한 방식으로 변주되기도 하며 인간의 감성을 건드리며 특정한 감정을 불러일으킨다.

화음(chord)은 두 개 이상의 음을 동시에 연주하는 것으로 물리적 규칙을 따르며 공간감을 창출한다. 화음은 장화음, 단화음, 감화음, 증화음 등을 통해 서로 다른 분위기를 형성할 수 있으며, 그 안에는 마치 언어의 문법처럼 고유한 구조가 존재한다. 음악은 체계적인 질서 속에서 일정한 형태를 가진 규칙의 산물로서 시간 위에서 리듬, 선율, 하모니 등의 관습적인 체계를 자발적으로 수용하고 엄격히 적용하며 존재한다.

객관적 기술의 표현과 인간 내면의 주관적 표현의 공존

둘째, 음악은 듣는 이들에게 특정한 분위기를 전달한다. 음악은 단 몇 분이 연주만으로도 청중의 마음을 뒤흔들 수 있다.[2] 그래서 흔히 음악이 정서를 환기한다고도 하는데, 이는 곧 연주가 멈춘 이후에도 '소리의 울

---

2   백승무, 「메이예르홀트 공연의 음악성 연구 − 2. 발화와 행위의 음악적 조직화 −」, 『슬라브硏究』 36권 1호, 한국외국어대학교(글로벌캠퍼스) 러시아 연구소, p.170

림'이 청자의 내면에 남아 오래도록 기억될 수 있음을 의미한다. 이처럼 음악은 청자가 무의식적으로 자연스럽게 받아들일 수 있는 정서적 효과를 내포하는데, 이를 음악의 '보이지 않는 전달'이라고 할 수 있다.[3]

철학자 헤겔(Georg Wilhelm Friedrich Hegel, 1770~1831)은 음악만이 가진 독특한 특징을 자연과 인간 삶의 이치를 통해 밝히고자 했다. 이는 앞서 언급한 아리스토텔레스의 철학적 구분과 맥락을 공유한다. 아리스토텔레스는 제1철학으로 자연학에 속하지 않는 현상 너머의 것(Ta Meta)을 다루고 제2철학으로 생물과 무생물을 포함하는 자연의 운동에 관한 자연학(Ta Physica)을 논의하였다. 헤겔의 용어를 빌리자면, 음악은 객관적 기술의 표현과 인간 내면의 주관적 표현이 공존하는 예술이다.

음악을 듣고 감정을 느낀다는 사실은 음악 안에 특정한 내용을 담는 기술이 존재함을 의미한다. 음악은 자연의 소리를 옮겨 오는 것이 아니라 특정한 감정을 예술적으로 객관화시키고 다듬어 표현하는 작업의 결과물이다. 작곡가는 음악을 균형 잡힌 형태로 구성한 후 이를 기술적으로 표현한다. 이 과정에서 정서를 고양시킬 수 있는 조화로운 움직임, 즉 문법·체계·장치를 음악에 담아낸다. 청자는 음악을 듣는 과정에서 이를 수용하며 자신의 내면에서 정서적 활동을 경험하게 된다.

---

3 요한 하위징아, 이종인 옮김, 『호모 루덴스(Homo Ludens)』, 연암서가, 2014, p.369.

각각의 음들이 특정한 관계로 엮인 음악은 주관적 감상자를 위해 존재한다. 음악이 듣는 사람의 마음을 움직일 수 있다는 것은 음악에 전달 기능이 있음을 의미한다. 청자는 발설 언어를 초월하는 음악의 언어를 들으며 자신의 감정을 접목시켜 희로애락의 메타적 언어를 형성한다.

메타음악에 관한 선행연구

'메타'라는 개념이 상당히 익숙한 시대가 도래했음에도 불구하고, 음악 분야에서 메타라는 개념은 여전히 생소하고 이론적 전통이 부족하다. 반면 메타언어, 메타픽션, 그리고 메타드라마와 같이 다른 분야에서는 이미 메타 개념이 상당히 발전했음을 알 수 있다.

선행연구를 살펴보면, 메타음악에 관한 연구가 드물지만 진행되고 있다는 사실은 알 수 있다. 베르너 볼프(Werner Wolf, 2007)는 그의 연구 「Metafiction and Metamusic: Exploring the limits of Metareference)」[4]에서 서구 전통 음악이 자기 참조적인 성격을 지닌다고 주장하며, 문학 분야에서 이미 발전된 자기 참조에 관한 연구를 바탕으로 메타음악의 기능성을 탐구했다.

---

[4] Wolf, Werner, "Metafiction and metamusic: Exploring the limits of metareference", De Gruyter Mouton, 2007.

음악의 자기 참조를 밝히기 위해 볼프는 '메타참조(metareference)'라는 개념을 정의하였다. 그는 자기 참조를 자신이 자신을 지시하거나 작품이 작품을 언급하는 것으로 설명한다. 따라서 자기 참조가 자기반영이나 자기반성적 사유로 이어질 때 이를 협상 가능한 메타참조의 범주로 정의하였다.

볼프는 메타참조와 같은 양식이 기악에도 적용될 수 있다고 주장하였다. 기악음악은 문학 작품과 달리 언어로 구성되지 않기 때문에 명시적인 메타참조를 형성하기 어렵다. 그러나 볼프는 음악이 체계적인 기호를 통해 자기 참조를 할 수 있기 때문에 음악에서 메타참조를 발견할 수 있다고 보았다.

바흐의 〈미로〉에 대한 볼프의 해석

그는 메타참조(metareference) 개념을 통해 기악음악의 메타성을 탐구하였다. 기악음악에서 메타참조는 주로 언어 매체에 의존한다. 바흐의 〈미로〉(Kleines Harmonisches Labyrinth)라는 곡이 그 자체로 음이라는 '미로'를 찾아가는 여정으로 이해될 수 있다.

〈미로〉는 C화음이 미로의 입구로 들어가는 것을 알 수 있도록 '입구'라고 표시되어 있으며, 미로의 입구에서 C화음의 관계조인 G화음은 서로 긴장과 이완을 주고받으며 진행된다. 센터에 도달하자 8분 쉼표로 시작하는 리듬은 불안정해지고 혼란에 빠지며 불안정한 음정과 화음의 반복은 미로에 빠진 상태를 나타낸다.

바흐의 곡에 〈미로〉라는 제목이 없다면 '미로'는 음악에 대한 특정한 모티브(motive)들 중 하나일 뿐 그 이상의 해석에 대한 정당성을 얻지 못할 것이다. 볼프는 해석의 정당성을 확보하기 위해 제목이 명시된 기악음악을 선택하여 분석하는 것이 필요하다고 주장하며, 이를 통해 메타음악의 개념을 발견할 수 있다고 보았다.

음악에 대한 음악, 음악 위의 음악

최근에는 토마스 쉐퍼가 이 '음악에 대한 음악'을 더욱 심층적으로 연구하여 새롭게 조명하였다. 쉐퍼는 '음악에 대한 음악'이 20세기에 갑자기 나타난 현상이 아니라 이미 음악사에 존재하고 있는 경향이라고 하였다. '음악에 대한 음악', 즉 "음악 위의 음악"이 의미하는 것은 새롭게 만들어지는 음악이 이미 기존에 만들어진 음악을 통해서 작곡된다는 것이다.[5]

---

[5]　Thomas Schäfer, "Anti-Moderne order Avantgarde-Konzept? Überlegungen zur musikalischen Postmoderne", International Review of the Aesthetics and Sociology of Music Vol.26, No.2, 1995, p.212.

기존에 만들어진 음악을 통해서 작곡한다는 것은 새로운 대면(對面)이 생긴다는 것이다.[6] 작곡가가 의식적으로 기존의 재료를 인용하고 이미 존재하는 음악과 대면하는 방식을 '음악에 대한 음악'으로 보았다.

더 나아가 음악학자인 티셔는 "인용–음악 위의 음악–상호텍스트성: 바흐친으로 가는 길"에서 인용이 상호텍스트성을 갖는 '음악에 대한 음악'이 되는 지점을 논한다. 티셔가 말하는 인용음악은 기존 재료와 새 재료 간의 상호 관계가 형성될 뿐만 아니라, 작품을 대하는 청취자의 수준 높은 관계 역시 고려하는 다각적 관점에서 '음악에 대한 음악'이 된다.

메타음악의 네 가지 특징

음악 너머의 음악은 첫째, 기존 음악의 형식이나 구조를 비판적으로 재구성하거나 반영하여 새로운 의미를 창출하는 방식의 패러디, 둘째, 음악이 자기 자신을 참조하고 이를 통해 음악이 어떻게 구성되는지 표현하는지에 대해 성찰하는 자기반영성, 셋째, 음악 외적인 언어, 즉 제목이나 음악 외의 요소들이 음악에 내포된 의미를 강화하거나 특정 주제를 암시하는 방식을 담는 표제 음악, 넷째, 작품과 수용자의 관계에

---

[6]   Thomas Schäfer, op, cit., p.212.

주목하여 음악이 특정 주제나 메시지를 전달하기 위해 사용하는 상징적이고 은유적인 접근을 의미하는 알레고리 등 다각적으로 표현됨을 알 수 있다.

다음 장에서는 패러디, 자기반영성, 그리고 알레고리 개념을 중심으로 음악의 메타성을 분석하려는 접근이 이루어진다. 음악의 비유적인 방법은 그 의미가 추상적이어서 쉽게 설명하기 어려운 특성이 있기 때문에 작곡가는 반복적인 방법을 사용하여 청자가 지시하는 주제를 찾아갈 수 있도록 한다.

추상적 주제는 언어로 명확하게 표현하기 어렵기 때문에 반복의 과정이 필요하며, 이 과정에서 관객은 흩어진 요소들을 모아 맞추는 사고의 과정을 경험하게 된다. 이는 청자로 하여금 개별적인 요소를 총체적으로 해석하도록 이끄는 개념이므로 메타적 특성을 갖는다고 볼 수 있다.

（2）

패러디,
음악에 신선함을 불어넣다

○△□

음악의 창작에서도 작동하는 모방과 반영

패러디란 풍자, 대립이라는 의미를 갖고 있다. 이러한 의미는 대응 노래(counter-song), 파생적인 노래라는 뜻의 고대 희랍어 'parodia'에 그 어원을 두고 있다. 따라서 패러디는 특정한 작품의 내용이나 양식, 또는 특정한 작가의 특징적인 문체를 모방하여 풍자와 익살을 유도하는 기법을 의미한다.

모방은 남의 행동을 반복적으로 따라 하는 행위를 뜻한다. 아리스토텔레스의 관점에서 시는 언어를 매개로 하여 인간의 행동을 모방한 예술이다. 예술에 있어 '모방'은 없어서는 안 되는 개념이다. 예술가는 자신 내면의 깊은 정서를 반영하고 모방한다. 음악의 창작에서도 모방과 반영은 작동한다.

이번 장에서는 패러디 음악의 예로 아마데우스 모차르트(Wolfgang

A. Mozart, 1756~1791)가 1787년에 출판한 〈음악적 농담〉(Ein Musikalischer Spaß, K.522)과 샤를 카미유 생상스(Charles-Camille Saint-Saëns, 1835~1921)의 〈동물의 사육제〉(Le carnaval des animaux, R.125)를 살펴보겠다.

모차르트의 〈음악적 농담〉(1787)

– 우스꽝스러운 신선한 충격!

모차르트의 〈음악적 농담〉 1악장 부분[1]

1   Mozart, W. A. Ein musikalischer Spass KV 522, G.Henle Verlag, 2016, p.1.

모차르트의 〈음악적 농담〉은 두 대의 호른과 현악을 위한 곡으로, 미숙한 호른 연주자와 작곡가를 패러디한 곡으로 알려졌다. 그 당시 음악으로 미숙한 연주자나 작곡가를 패러디할 수 있다는 발상은 듣는 이들에게 신선한 충격이었을 것이다.

모차르트는 음악의 전통적인 형식을 의도적으로 변형하여 유머와 패러디를 구현한다. 일반적인 음악에서는 선율, 리듬, 화성이 수학적 원리에 따라 대칭을 이루고, 주어진 주제가 일정한 패턴으로 확장되는 구조가 자연스럽다. 그러나 이 곡은 1악장부터 비대칭적인 마디로 박자가 맞지 않는 듯한 어설픈 박자로 시작을 한다.

또한 2악장 미뉴에트에서 모차르트는 호른 부분에 일부러 음이 맞지 않는 화음을 연속적으로 시도하여, 음악이 전개되는 방식에 일종의 불협화음을 의도적으로 시도한다. 이는 천재 작곡가인 모차르트가 실수로 화음을 잘못 쓴 것이 아니라 의도적으로 패러디적 요소를 삽입한 것이라 할 수 있다.

모차르트 시대에는 오늘날과 같이 풍부한 오락거리가 없었기 때문에 음악회 연주에 대한 관심이 매우 높았다. 사람들은 〈음악적 농담〉이 발표되기 얼마 전에 들었던 호른 연주자의 형편없는 연주와 미숙한 작곡가의 솜씨를 기억하고 있었고, 모차르트의 연주에서 그때의 기억을 떠올릴 수 있었을 것이다. 청중들은 그의 익살스러운 패러디에 신선한 유쾌함을 느꼈을 것이다. 모차르트의 연주곡은 '음악적 농담'이라는 표제에서도 그 의도를 잘 전달하고 있다.

생상스의 〈동물의 사육제〉(1886)
– 아이러니와 유쾌함을!

생상스의 〈동물의 사육제〉는 동물들의 특성을 음악적으로 표현한 작품으로, 악기와 음색을 활용하여 각 동물을 묘사한다. 이 작품의 부제인 "두 대의 피아노, 두 대의 바이올린, 비올라, 첼로, 더블베이스, 플루트, 클라리넷, 하모니움(소형 오르간의 일종), 실로폰, 첼레스타를 위한 동물학적 환상곡"은 다채롭고 익살스러운 성격을 잘 나타낸다.

예를 들어 제1곡 '서주와 사자왕의 행진'은 악기 음색, 악상 등을 활용하여 사자의 위엄 있는 걸음걸이를 묘사하기 위해 전면적인 현악기 참여로 특유의 장엄한 음색과 리듬을 사용한다. 반면 제3곡 '당나귀'에서는 빠르고 반복적인 16분음표를 유니즌으로 피아노를 사용하여 그 움직임을 묘사한다.

생상스의 〈동물의 사육제〉 중 제1곡 '서주와 사자왕의 행진' 부분[2]

생상스의 〈동물의 사육제〉 중 제3곡 '당나귀' 부분[3]

2   Saint-Saëns, Camille. Le Carnaval des animaux, 태림출판사, 2011, p.3.

3   Saint-Saëns, Camille. 앞의 악보, p.10.

4. Tortues

제4곡 '거북이'는 '아주 여리게' 셋잇단음표를 느리게 연주하는 모습으로, 마치 굼뜬 모습을 연상케 한다. 재미있는 점은 '거북이'의 주된 멜로디를 담당하는 현악 5부의 유니즌 주제가 오펜바흐의 오페레타《천국과 지옥》의 캉캉을 인용했다는 점이다.

일반적으로 빠르고 경쾌한 춤에 사용되는 캉캉 선율은 역동적이고 힘찬 느낌을 주는 곡이다. 그러나 이 음악이 '거북이'를 표현할 때 인용되

---

4   Saint-Saëns, Camille. 앞의 악보, p.12.

어 기존에 연주되던 것보다 훨씬 느린 속도로 연주될 때, 원곡을 알고 있는 청중은 인용된 음악과 표제 사이의 아이러니를 통해 거북이의 느림을 더욱 강렬하게 인식할 수 있다.

생상스의 〈동물의 사육제〉 중 제5곡 '코끼리' 부분[5]

　　제5곡 '코끼리'는 육중한 동물을 흉내 내기 위해 2대의 피아노와 더블 베이스가 편성된다. 생상스는 코끼리가 거대한 몸으로 왈츠 리듬에 맞추는 것을 흉내 내는 데 베를리오즈의 오페라 《파우스트의 천벌》 중에

5　　Saint-Saëns, Camille. 앞의 악보, p.14.

서 '요정의 왈츠'를 인용한다. 이 경쾌한 곡을 재치 있는 베이스의 선율로 엉성하게 패러디하다가 곧 멘델스존의 〈한여름 밤의 꿈〉 중의 스케르초 악구가 나타났다가 다시 덩치 큰 코끼리를 흉내 내는 콘트라베이스 주제로 되돌아가며 익살스럽게 끝난다.

생상스는 〈동물의 사육제〉에서 표제와 인용음악을 통해 패러디의 효과를 극대화한다. 특히 다양한 동물을 묘사하는 과정에서 생상스는 기존의 잘 알려진 음악적 주제들을 인용하여, 그 음악적 의미를 전통적 기대와는 다른 방식으로 변형시킨다.

예를 들어 거북이를 묘사할 때 사용된 캉캉 선율은 일반적으로 빠르고 경쾌한 리듬을 지니는데, 이를 거북이의 느린 특성에 맞게 변형함으로써 유머와 아이러니를 더한다. 이러한 인용음악은 청중에게 웃음을 선사하며, 그로 인해 동물의 특성이 더욱 강조되는 효과를 얻는다.

또한 코끼리에서는 요정과 같은 선율을 사용해 크고 묵직한 코끼리의 모습 대신 귀엽고 가벼운 이미지를 전달한다. 이를 통해 청중에게 강한 시각적 대비를 느끼게 만든다. 그러니 이를 이해하기 위해서는 먼저 관객의 수준 높은 교양이 요구되는데, 이 때문에 패러디에는 음악적 장치뿐 아니라 관객의 음악적 해석 능력이 필요하다.

③

자기반영성,
작곡가가 감정을 담는 방식

○△□

음악에 적용되는 자기반영성

자기반영성(self-reflexivity)은 드라마 장르에서 흔히 등장하는 메타적 관찰 방법으로, 작가가 자의식을 반영하거나 작품이 작품을 반영하는 등의 기법을 일컫는다. 자기반영성은 메타담론에서 핵심적인 개념이다.

앞서 살펴보았듯이 자기반영성은 크게 세 가지 형태로 구현된다. 첫째는 작가가 자신의 생각을 작품에 반영하는 형태이고, 둘째는 작품이 다른 작품을 반영하는 형태이며, 마지막으로 작품의 수용자가 자신의 생각을 반영하여 작품을 해석하는 형태로 나타난다. 이러한 자기반영성은 음악에도 그대로 적용될 수 있다.

베토벤(Ludwig van Beethoven, 1770~1827)의 〈고별〉(Das Lebewohl, 1809)은 특정 멜로디에 자신의 감정을 투영하여 의미를 부여한 뒤 이를 작품 전반에 반복하며 의미를 확장시킨 작품으로, 첫 번째 형태의 자기반영성을 드러낸다. 브람스(Johannes Brahms, 1833~1897)의 〈슈만 주제에 의한 변주곡〉(Variations on a Theme by Schumann, Op.9, 1854)은 브람스가 존경하는 슈만(Clara Schumann, 1819~1896)의 작품을 오마주하여 변주함으로써 다른 작품을 반영한다. 그리고 이를 듣는 청자는 본인의 경험을 통해 작품을 해석하게 된다.

음악은 발설 언어에 비해 드러내고자 하는 바가 직접적이지 않기 때문에 '드라마를 통해 드라마를 투영하는' 메타드라마, '언어를 통해 언어를 드러내는' 메타언어처럼 명료하게 메타 개념을 적용하기 어렵다. 음악이 음악을 표현하는 방식으로 존재하는지 설명하는 것은 매우 복잡하다. 그러나 작품으로써 타 작품을 투영하는 자기반영의 두 번째 형태를 적용하였을 때 음악의 자기반영성은 비교적 명료해진다.

"음악은 객관적인 것과 주관적인 것으로 나뉜다."

헤겔은 이같이 말하며, 청자들이 자기의 경험이나 생각을 반영하여 음악을 해석하게 된다고 보았다. 사람들이 음악에 담긴 의미를 해석할 때 자신의 삶을 기준으로 삼게 된다는 것이다. 음악의 이러한 반영성은 음악에서의 메타담론 가능성을 제시하는 데에 중요한 부분이라고 할 수 있다.

이 장에서는 먼저 베토벤의 〈고별〉 교향곡을 통해 작곡가가 특정한 음에 자신의 생각을 반영하여 드러내는 유형을 알아보고, 요하네스 브람스의 〈슈만 주제에 의한 변주곡 Op.9〉을 통해 작품이 작품을 반영하는 유형을 살펴보고자 한다.

베토벤의 피아노 소나타 Op. 81a 〈고별〉(1809)

– 그리움과 재회의 소망을 담다

작곡가가 감정을 모방하고 반영하는 방식은 음악에 대한 언어를 이해하는 데 실제적인 도움을 준다.

베토벤은 당대에 매우 이례적으로 자신의 자유로운 생각과 감정을 작품에 담아낸 작곡가로, 그는 어떤 언어보다 더 섬세한 표현력을 가지고 '언어에 대한 언어'로 이야기한다. 베토벤에게 있어서 음악은 자신의 생각과 감정을 소리로 표현하는 넓은 의미의 언어이다. 그의 음악은 시대적 흐름과 함께 작곡가 자신의 정신을 반영하고 있으며, 청자 역시 그것을 공감할 수 있다는 점에서 가치가 높다.

철학자이자 음악학자인 아도르노는 음악의 언어적 특성과 그것이 지닌 메타적 언어로서의 가능성을 탐구했다. 베토벤의 심오한 감정과 철학적인 사유는 음악을 통해 자연스럽게 전달되는데, 〈고별〉은 그의 자기반영성과 음악의 메타적 언어 의미를 훌륭하게 표현한 작품이다.

아도르노는 예술에 미메시스(mimesis) 개념이 중요하다고 보았는데,

이는 아리스토텔레스의 '모방' 개념과 연관이 있다. 아리스토텔레스가 말하는 모방은 진리에 다가가기 위한 모방인 반면, 아도르노의 미메시스는 예술이 자연미를 모방하려는 것이다.[1] 이러한 미메시스 개념은 음악이 단순한 미학적 아름다움을 넘어서 철학적 사유와 감정의 전달 매개체로서 작동할 수 있음을 시사한다.

베토벤은 자신의 32곡의 소나타 곡 중에서 26번 소나타에 특별히 〈고별〉이라는 타이틀을 직접 붙였는데, 이것은 베토벤에 의해 직접 붙여진 몇 안 되는 부제이다. 베토벤의 〈고별〉은 1809년~1810년 사이에 작곡된 곡으로, 특정인에게 헌정하는 이별을 주제로 하는 표제곡이다. 뒤에 살펴볼 하이든의 〈고별〉이 풍자적 성격을 띤 반면, 베토벤의 소나타 〈고별〉은 불안감과 아쉬움 등의 정서를 반영한다. 이 곡을 통해 베토벤의 자기반영적 음악(self-reflective)의 특징을 살펴보고자 한다.

베토벤이 〈고별〉 소나타를 작곡할 즈음 그는 청력을 거의 상실해 가고 있었고, 외부적으로는 나폴레옹 전쟁의 혼란 속에서 심리적으로 큰 어려움을 겪고 있었다. 이러한 때 베토벤을 위로해 준 친구이자 든든한 후원자였던 루돌프 대공은 1809년 나폴레옹이 이끄는 프랑스 군대가 오스트리아 빈을 공격하자 잠시 빈을 떠나 피신해야 했다. 이러한 상황은 베토벤에게 깊은 상실감과 그리움을 안겨 주었고, 그는 이러한 감정을

---

1 정우진, "언어로서의 음악과 아도르노의 베토벤 해석에 대한 연구", 서울대학교 박사학위논문, 2010, p.89. 참조.

<고별> 소나타에 담아냈다.

베토벤의 <고별> 소나타 1악장 부분[2]

(1악장 세 개의 음표에 'Lebewohl'을 반영하고 확장함)

<hr>

2   Beethoven, Ludwig van. Beethoven Sonaten für Klavier (Band 3), 음악세계, 2001, p.38.

〈고별〉은 3악장으로 이루어져 있으며 1악장 '고별(Das Lebewohl)', 2악장 '부재(Abwesenheit)', 3악장 '재회(Das Wiedersehen)'로 부제를 붙여 루돌프 대공과의 이별의 슬픔과 그리움 그리고 재회의 희망을 표현했다. 특히 1악장은 호른 소리(horn call)를 인용하였다는 점에서 특징적이다.

베토벤은 1악장의 서주 부분 세 개의 음표에 헤어짐, 고별이라는 뜻인 'Lebewohl'을 붙여 중요한 모티브로 삼고 1악장 '고별'의 제시부, 발전부, 재현부, 코다에 세 개의 음인 sol-fa-mib을 반복하고 확장시켰다. 1악장에 제시된 sol-fa-mib 세 음은 호른 소리를 모방한 것으로 여겨진다.

찰스 로젠에 따르면, 18세기에 주로 사냥에서 쓰였던 이 호른 소리는 1810년경에 이르러서는 거리나 고립 혹은 기억의 상징이 되었다.[3] 베토벤은 고립과 기억을 상징하는 호른 소리를 반복하고 변주하며 멀리 떨어진 루돌프 대공을 그리워하는 자신의 마음을 반영하고 있다. 1악장 마지막 코다 부분은 '고별(Das Lebewohl)'이라는 주제어로 반영된 3개의 음인 sol-fa-mib 음이 호른 소리를 다시 반복하며 리듬의 확대·축소·반복을 거쳐 마무리된다.

---

3   Rosen, Charles. Beethoven's Piano Sonatas: A Short Companion. Yale University Press, 2002, p. 202.

1악장의 시작에 붙은 'Le-be-wohl'이라는 세 개의 음절과 호른 소리 그리고 표제를 통해 이 곡은 기본적으로 작별을 슬퍼하는 작곡가의 표현이라고 할 수 있다. 그러나 3악장의 '재회'라는 부제를 볼 때 작곡가는 작별의 슬픔과 아쉬움에 머무르지 않고 희망의 감정을 전하고자 하였음을 짐작할 수 있다.

실제 이 곡이 1810년 1월 루돌프 대공의 귀환 때 헌정된 것임을 생각하면 '고별', '부재', '재회'의 악장별 제목들은 작곡자가 서사의 유형을 모방하는 방식을 사용한 것이라고도 할 수 있다.[4]

브람스의 〈슈만 주제에 의한 변주곡 Op.9〉(1854)

– 스승 슈만에 대한 존경을 담은 오마주

브람스는 독일의 작곡가이자 피아니스트로서 19세기의 가장 뛰어난 작곡가로도 손꼽힌다.[5] 브람스의 어린 시절은 매우 초라하고 어려웠다. 그의 아버지는 콘트라베이스 주자로 활동했으며, 브람스는 아버지로부터 음악적 재능을 물려받았지만 가난 속에서 성장하며 무명 시절을 보

---

4   메이너드 솔로몬, 김병화 옮김, 『루트비히 판 베토벤 2』, 한길아트, 2006, p.162.

5   웬디 톰슨, 정임민 옮김, 『위대한 작곡가의 생애와 예술』, 마로니에북스, 2007, p.154.

냈다.

　그런 브람스가 인생의 중요한 변곡점을 맞이한 것은 스무 살이 되던 해인 1853년, 마흔세 살의 슈만을 만나면서였다. 브람스의 연주를 들은 슈만은 자신의 창간잡지인 『음악신보』에 '새로운 길'이라는 제목의 글로 그를 극찬한다. 이로써 브람스는 세상에 이름이 알려진다.

　하지만 브람스를 아껴 주었던 슈만은 안타깝게도 오랫동안 앓았던 정신병으로 인해 라인강에 투신하는 지경에 이른다. 슈만은 지나가던 뱃사공에 의해 구조되어 요양소에 수용되고 이때 브람스는 스승의 부인이자 경애의 대상이었던 클라라 슈만과 그의 어린아이들을 보살피는 한편 존경하는 슈만의 곡을 상당 부분 반영하여 변주곡을 완성한다.

　1854년 브람스가 작곡한 〈슈만 주제에 의한 변주곡 Op.9〉은 슈만의 《다채로운 작품들》(Bunte Blätter Op.99) 중 〈Album blatter〉의 제1곡에서 주제를 거의 그대로 가져왔다. 그뿐만 아니라 브람스는 제2, 6, 8, 9, 13, 14, 15 변주에서 슈만의 여러 곡을 차용하고 변주함으로써 슈만에 대한 손경의 마음을 표현하고 있다.

Albumblätter I
음악 수첩 I

슈만의《다채로운 작품들》(Bunte Blatter Op.99) 중 〈Album blatter〉의 제1곡[6]

---

[6]   Schumann 5, 태림출판사, 2014, p.67.

브람스의 변주곡과 슈만의 작품을 비교해 보면 테마부터 거의 유사하

다는 사실을 알 수 있다. 이러한 유사성은 그의 스승에 대한 경의를 표

7   Brahms 1, 태림스코어, 2016, p.95.

현하는 동시에 슈만의 음악적 유산을 이어 가려는 브람스의 진정성, 존경심, 감사함을 엿볼 수 있는 단서다.

이러한 유사성은 테마에서만 나타나는 것이 아니라 뒤에 이어지는 변주에서도 드러나는데, 특히 브람스 곡의 제2변주는 슈만의 〈Kreisleriana No.8〉, 제6변주는 슈만의 〈Abegg Variation〉, 제8변주는 슈만의 〈Davidsbündlertäntz Op.6〉로부터 크게 영향을 받은 것으로 보인다. 여기에 더해 브람스의 제9변주는 슈만의 〈Albumblätter〉 제2곡과 거의 흡사하다.

흥미롭게도 브람스의 〈슈만 주제에 의한 변주곡 Op.9〉은 클라라 슈만에게 헌정된다.[8] 따라서 브람스의 일부 변주곡들은 슈만에 대한 존경뿐 아니라 클라라 슈만에 대한 특별한 우정과 사랑의 마음이 담겨 있다고 볼 수 있다.[9]

브람스의 〈슈만 주제에 의한 변주곡 Op.9〉은 두 가지 면을 반영하는 작품이 된다. 첫째, 슈만에 대한 존경을 담고 있는 오마주로서, 브람스는 이 작품을 통해 스승에게 경의를 표하며 그가 영향을 준 음악적 아이디어를 반영했다. 둘째, 클라라 슈만에 대한 야릇한 감정을 담고 있는

---

8   Stara Avins, Johannes Brahms life and letters. Oxford, New york: Oxford University press, 1997, p.45.

9   김경임, 『낭만파 피아노음악』, 경북대학교출판부, 2010, p.412.

작품으로, 브람스는 이 곡을 클라라에게 헌정하면서 자신의 사랑을 음악적으로 비춘다. 이 두 가지 측면은 브람스의 개인적이고 감정적인 자기반영적 요소라 할 수 있다.

(4)

알레고리,
은유적으로 주제 전달하기

○△□

추상적인 주제를 전달하는 방법

알레고리(풍유, allegory)는 작가가 A라는 추상적인 주제를 전달하기 위해 B라는 암시적 요소를 계속 결합시키면서 비유적(metaphor)으로나 은유적(metaphor)으로 설명하는 것이다. 예를 들어 괴로움, 즐거움, 억압, 착취와 같은 개념은 질료에 기반을 두지 않는다.

이렇듯 추상적 개념을 설명하기 위해 우리는 '내 마음은 잔잔한 호수'라든가, '차가운 그대의 마음'이라는 비유적 표현을 사용하게 된다. 이는 A라는 대상을 B에 빗대어 말하는 것이다. 비유의 어원인 metaphora는 '~함께' 또는 '~너머의'라는 뜻의 'meta'와 '이동한다'라는 뜻의 'phora'가 합쳐진 말이다. 다시 말해 비유라는 언어에 이동의 개념이 있다는 것이다.

이 비유의 한 종류인 알레고리는 주제(A)를 표현하기 위해 유사성을 가진 다른 주제(B)로 청자가 상상하거나 해석(C)하게 하는 기법이다. 알레고리는 경계를 넘나드는 표현 방법으로 다의적이고 자의적 해석에 이르는 특징을 갖는다. 그러나 이는 추상적 관념을 가진 대상에 빗대어 반복적으로 드러내는 것으로, 자연어로 표현하기에는 많은 제약이 따른다.

이 장에서는 알레고리의 대표적인 예시로 하이든(Franz Joseph Haydn, 1732~1809)의 〈고별〉(Symphony No.45 'Farewell', 1772) 교향곡과 생상스의 〈동물의 사육제〉를 살펴보고자 한다.

하이든의 〈고별〉 교향곡(1772)

– 재치 있는 휴가 신청

하이든은 교향곡의 아버지라 불리는 작곡가로, 그의 교향곡에는 표제가 유난히 많이 붙어 있다. 하이든이 살던 시대의 음악가들은 지배계급에 의해 고용된 신분이기에 개인의 자유가 보장되지 않았다. 이런 상황에서 음악의 알레고리를 사용하여 권력을 가진 고용주에게 음악가들의 자유를 보장해 달라고 전달한 사람이 바로 하이든이다.

하이든은 에스테르하지 가문에서 30년 가까이 음악감독으로 지냈다. 기록에 따르면 엄청난 부를 자랑하던 에스테르하지 후작은 1766년 프랑스의 베르사유 궁전을 모방한 호화로운 궁전을 세웠는데, 바로 이 궁전에서 여름휴가를 자주 보냈다고 한다. 하이든은 에스테르하지 가문의 악장으로 고용되어 작곡 활동과 단원들의 연습 관리 및 지휘를 맡고 있었다.

〈고별〉 교향곡을 작곡한 1772년의 여름도 하이든은 에스테르하지 후작의 뜻대로 호화로운 궁전에서 거주하며 연주하기로 되어 있었다. 그런데 이해는 에스테르하지 후작이 도통 집으로 돌아갈 생각을 하지 않고 보통 6개월 정도 체류하던 기간보다 2개월이나 더 머물렀다.

그러자 궁전에 찾아와 휴가를 즐기는 손님들을 위해 매일 연주해야 하는 단원들은 지쳐 갔다. 하이든도 단원들도 모두 고용된 신분이었기에 에스테르하지 후작에게 집으로 돌아가고 싶다고 요청하기 힘든 상황이었다. 하이든은 집에 돌아가고 싶어 하는 연주자들을 위해 음악적 재치를 발휘한다.

하이든의 〈고별〉 교향곡 제4악장 제2부 도입 부분[1]

(4악장의 제2부 Adagio로 시작함)

1   Haydn, Joseph. Symphony No.45 Farewell in F sharp minor, 태림출판사, 2010, p.29.

(4악장의 제2부 마지막 바이올린 Ⅰ, Ⅱ 가 아주 여리게 연주하며 끝남)

4악장의 제1부는 교향곡의 마지막 악장답게 빠른 속도로 연주되고 늘임표(페르마타)를 거쳐 느린 속도의 제2부로 접어든다. 이 부분이 바로 하이든의 생각이 반영된 지점이다. 초연 때 하이든의 지시는 연주자가 악보대의 촛불을 끈 채 자신의 악기를 가지고 퇴장하는 것이다.

---

2   Haydn, Joseph. 위의 악보, p.36.

하이든의 〈고별〉 교향곡 제4악장, 악기 퇴장 순서

4악장 제2주제(151마디~257마디)										
151										
161										
171										
181										
■제1오보에, 제2호른 퇴장										
191						197				
					■바순 퇴장					
201			204	205						
			■제2오보에	■제1호른 퇴장						
211						217				
					■더블베이스 퇴장					
221						227				
					■첼로 퇴장					
231				231						
				■제3,4 바이올린 퇴장						
241		241								
			■비올라 퇴장							
251						257				
■세1,2바이올린이 쓸쓸히 남아 아주 작세 곡을 끝내고 퇴장										

먼저 181마디에서 제1오보에와 제2호른이 퇴장하고, 197마디에서 바순이 퇴장한다. 204마디에서 제2오보에가, 205마디에서 제1호른이 연이어 퇴장한다. 217마디에서 더블베이스가 퇴장한 후 227마디에서 첼로가 퇴장한다. 231마디에서 제3, 4 바이올린이 퇴장하고 그 후 241마

디에서 비올라가 사라지고 마지막 제1, 2 바이올린 연주자 2명만 남아 아주 조용히 연주를 끝맺는다.

하이든의 〈고별〉은 일반적으로 힘차게 막을 내리는 다른 교향곡과 대조적인 형식을 갖추고 있어 청자는 매우 당혹스럽게 느껴진다. 연주자들은 한 명씩 퇴장하면서 연주의 고단함, 휴식의 필요성, 가족에 대한 그리움, 억압당하는 슬픔 등 개인적 자유에 대한 갈망을 담았을 것이다. 연주가 모두 끝나고 나면 무대는 적막하기 그지없다.

이러한 구성은 알레고리적 표현에 기대어 기존의 관습을 파괴하는 한편 에스테르하지의 권력을 재치 있게 폭로한다. 연주를 들은 에스테르하지 니콜라우스 후작은 그 뜻을 바로 해석(C)하고 다음 날 단원 전원에게 휴가를 주었다.[3] 하이든이 집에 돌아가지 못하는 단원들의 갈망을 주제로 전하고자 작곡한 〈고별〉은 알레고리적 특징을 가진 음악이라고 볼 수 있다.

---

3   음악지우사,『작곡가별 명곡해설 라이브러리 10, 하이든』, 음악세계, 2002, p.50.

생상스 〈동물의 사육제〉

– 당대 비평가와 피아니스트를 꼬집다

앞서 언급한 생상스의 〈동물의 사육제〉 역시 알레고리로 해석이 가능하다. 생상스는 프랑스의 작곡가이자 오르가니스트, 지휘자, 천재 피아니스트이다. 〈동물의 사육제〉는 생상스가 당시 마음에 안 드는 비평가들과 피아니스트들을 비꼬려는 의도가 들어 있는 작품이다. 이러한 의도는 특히 제8곡과 11곡에서 확인할 수 있다.

생상스의 〈동물의 사육제〉 중 제8곡 '귀가 긴 등장인물' 부분

제8곡에서는 두 대의 바이올린이 '귀가 긴 등장인물'로 등장한다. 여기서 '귀가 긴 등장인물'은 당대 비평가를 의미한다. 바이올린은 각각 높은음과 동떨어진 낮은 지속음 후의 반음 하행을 이어 가며 늘어지는 귀를 묘사한다. '귀가 긴 등장인물'은 귀가 가려졌기 때문에 음악에 대한 비평은커녕 말귀조차 제대로 알아듣지 못하는 인물이 되어 버린다. 여기에 더해 생상스는 당대의 비평가들을 당나귀에 빗대어 표현하였다.

제8곡 이후 〈동물의 사육제〉에 출현하는 또 다른 인간은 제11곡에 나오는 '피아니스트'이다. 작곡자는 '연주자는 초보자가 치는 어색함을 흉내 내야 한다.'라고 명시한다. 그런데 피아니스트가 피아노를 못 치는 피아니스트이며, 의미 없는 음계를 서툴게 반복하여 재미없고 시끄럽게 연주하는 모습을 태연하게 묘사해 놓는다.

제8곡의 '귀가 긴 등장인물'과 제11곡의 '피아니스트'의 메타적 의미언어는 음악을 제대로 못 알아듣는 비평가들과 연주를 못하는 연주자들을 의미한다. 표면적으로 사육제에서 나타내는 대중적 축제의 정신은 자유이지만, 동물원 안에 있는 인물의 묘사를 보았을 때 분명 비평적 주제를 담고 있음을 알 수 있다.

종합하면, 메타음악이란 두 가지 전제를 필요로 한다. 그것은 바로 결합 가능성과 해석 가능성이다. 메타음악이 여타 음악과 구분되는 점은 바로 음악의 텍스트와 결합하여 새로운 의미를 도출할 수 있다는 것이다.

메타음악을 설명하는 데 있어서 빼놓을 수 없는 인물이 바로 독일의 음악학자인 헤르만 다누저(Hermann Danuser)이다. 다누저는 『메타음악(Metamusik)』(2017)을 통해 '음악에 대한 음악'의 개념을 자세히 설명한다. 문학과 예술의 미장아빔이라는 개념이 메타음악의 영역에 적용된다고 언급하면서 '그림 속 그림', '거울 속 거울', '이야기 속 이야기'처럼 음악도 자기 지시적으로 변형 · 재현 · 은유된다고 설명한다.

다누저가 말하는 메타음악은 청각적으로 인지할 수 있을 뿐 아니라 발견, 탐구, 기록, 설명, 그려짐, 보여짐, 생각 그리고 상상할 수 있는 것이다.[4] 그는 '음악에 대한 음악'이 존재함을 설명하기 위해 음악의 텍스트를 음·소리, 음악적 기표, 언어적 기술, 그림의 네 가지로 제시한다.

첫째, 음악의 텍스트는 음(ton)으로, 소리로 의미를 부여하고 인용할 수 있다. 둘째, 기표를 사용하여 반복하고 의미론적인 연관성을 암시할 수 있다. 셋째, 작곡가는 언어적 기술로 표제를 사용하거나 작품의 의도를 알 수 있게 악보에 표시할 수 있다. 음악은 의미를 부여한 음의 반복에 의해서 그 음악적 의미를 강조하기도 하고 표제를 통해서 의미를 나타내기도 한다. 반대로 음악의 기표들이 전면에 나와 리듬을, 소리를 형성하며 추상적인 관념을 인식의 기의로 드러낸다. 넷째, 그림이나 연주 등 시각화되는 기술은 음악의 텍스트이다. 앞서 언급한 하이든의 〈고별〉에서 연주자들이 촛불을 끄고 하나씩 조용히 퇴장하는 연주의 제스처가 바로 음악의 텍스트이다.

[음악의 텍스트 형태]

- 음(ton), 소리   의미를 부여한 음(ton)이나 인용된 소리
- 음악적 기표   음표, 쉼표, 조성, 악상과 템포의 기보 형태
- 언어적 기술   작곡가의 의도가 반영된 표제, 의도를 알 수 있는 자료
- 그림   연주, 시각적 기술

4   Danuser, Hermann. "Metamusik." Edition Argus, 2017, p. 24..

이렇게 결합된 음악은 청자가 음악을 통해 작품을 해석하도록 유도하며, 작품에 내재된 의미를 드러내거나 서로 떨어진 서사를 연결할 수 있다. 따라서 드라마 《오징어 게임》 음악의 메타적 특징에 대해 탐구하기에 앞서 《오징어 게임》 자체의 메타전략에 대해서 먼저 살펴보는 것이 필요할 것이다.

Part 3

《오징어 게임》 속
숨은 메타전략

메타전략은 특정한 전략에 대한 상위 차원의 접근 방식이다. 먼저 《오징어 게임》의 구조적 전략으로 게임의 세계와 리얼리티 세계를 알아보고, 이어서 시작과 끝을 통합적으로 살펴본다. 이후 작품에 나타나는 자기반영적 주체와 낯설게 하기가 작품과 관객과의 거리를 두면서 예상치 못한 새로운 시야를 갖게 함으로써 메타담론으로 이어지는 전략을 살펴보고자 한다.

$$\textcircled{1}$$

시공간 안에서 구현되는
구조적 전략

내러티브 분석하기

서사는 시간과 공간으로 구성되며, 메타전략의 구조적 전략 역시 시간과 공간 안에서 구현된다. 내러티브(narrative) 또는 서사는 '알려 준다'라는 의미의 라틴어 'narre'에서 유래된 만큼 일반적으로 '정보 전달'을 의미한다.[1] 내러티브에는 당위성이 존재하기 마련이므로 대부분 인과적으로 구조화된다.

《오징어 게임》의 극 초반은 빚에 허덕이는 사람들이 왜 서바이벌 게임에 참가해야만 했는지를 설명하는 데 주력한다. 이는 서사의 인과성을 강조하는 측면으로 볼 수 있다. 서사의 인과성은 극 전개의 개연성을 높여 시청자들이 이야기에 공감하도록 한다. 《오징어 게임》의 주제

---

[1] 닉 레이시, 임영호 옮김, 『내러티브와 장르』, 산지니, 2020, p.32.

와 게임은 다음과 같이 축약된다.

드라마 《오징어 게임》 속 회차별 주제와 게임

회차	《오징어 게임》 속 회차별 주제	《오징어 게임》 속 여섯 가지 게임
1화	무궁화꽃이 피던 날 "Red Light, Green Light"	ROUND 01. 무궁화꽃이 피었습니다
2화	지옥 "Hell"	
3화	우산을 쓴 남자 "The Man with the Umbrella"	ROUND 02. 설탕 뽑기
4화	쫄려도 편먹기 "Stick to the Team"	ROUND 03. 줄다리기
5화	평등한 세상 "A Fair World"	
6화	깐부 "Gganbu"	ROUND 04. 구슬치기
7화	VIPS "VIPS"	ROUND 05. 징검다리 건너기
8화	프런트맨 "Front Man"	
9화	운수 좋은 날 "One Lucky Day"	ROUND 06. 오징어 게임

《오징어 게임》은 9부로 구성된 드라마로, 서로 다른 과거를 가진 인물들이 '어떤' 세계로 들어가 벌어지는 일을 다룬다. 그 세계 안에서는 총 여섯 가지의 다층적인 게임이 벌어진다. 이 장에서는 《오징어 게임》의

내러티브를 분석하여 '게임 속의 게임', 나아가 '드라마 속의 드라마'라는 메타드라마적 전략을 분석해 보고자 한다.

일상 세계와 단절된 게임의 세계

게임은 특정한 규칙에 따라 행동하여 보상을 얻는 놀이, 경기, 시합을 의미한다. 하위징아는 『호모루덴스』에서 게임의 가장 큰 특징으로 승리와 보상을 지목하였다. 그에 따르면 승리와 보상은 고대 그리스 시대의 게임 '아곤'에서도 발견될 만큼 오래된 요소다.[2]

한편 게임의 규칙을 강조하는 선행연구도 있다. 사회학자이자 문화평론가인 로제 카이와에 따르면, 게임은 주관자가 규칙을 제시하고 참여자가 규칙에 동조함으로써 성립된다. 이때 사람들은 일상 세계와 단절된 새로운 규칙의 세계에 들어가 주어진 역할을 수행하며 모종의 관계를 형성한다. 그 관계는 주관자와의 것일 수도 있고 참가자들 간의 것일 수도 있다.

주관자는 게임의 규칙과 목표 등을 디자인하는 사람이다. 이들은 게임의 목적에 맞게 게임을 구성하고 참가자들에게 규칙을 설명한다. 참

2   요한 하위징아, 앞의 책, p.235.

가자들은 경쟁적인 성격이 강하며 자신의 능력을 최대한 발휘하여 보상을 쟁취하고자 한다. 경쟁이란 이긴 자의 승리에 명확한 가치를 줄 수 있는 것이며, 자신의 우수성을 인정받고 싶어 하는 욕망이다.[3]

수많은 게임 유형 중에서도 '파워 게임', '심리 게임', '구별 짓기 게임', '언어게임', 그리고 '퍼즐 게임'에 주목하고자 한다. '파워 게임'은 어떤 목적을 달성하기 위해 인위적으로 설정된 규칙에 따라 벌이는 모든 형태의 경쟁놀이를 의미한다.[4] '심리 게임'은 겉보기에는 일반적인 게임처럼 보일 수 있으나 사실은 그 안에 숨겨진 동기가 있는 게임을 말한다.[5]

작가는 관객에게 특정한 메시지를 전달하고 싶을 때 '언어 게임'과 '퍼즐 게임'을 동원한다. 이때 '언어 게임' 안의 언어는 확실히 고정된 종류가 아니기 때문에[6] 관객은 "자신들의 경험을 통해 형성된" 맥락에 기반하여 작품을 해석한다.[7] 작가는 작품을 통해 전달하고자 하는 바를 '퍼즐 게임'으로 만들게 된다.[8] 《오징어 게임》의 시청자는 퍼즐을 맞추듯

---

3   로제 카이와, 이상률 옮김, 『놀이와 인간(Les jeux et les hommes)』, 문예출판사, 2018, p.41.

4   송현옥, 앞의 논문, 1996, p.58.

5   에릭 번, 앞의 책, p.75.

6   언어 게임(language game)은 『철학 탐구』에 나오는 후기–비트겐슈타인의 핵심적 주장이다.

7   리차드 혼비, 앞의 책, p.25.

8   송현옥, 앞의 논문, p.24.

상황과 맥락을 해석할 것이다.

먼저 《오징어 게임》의 작가는 등장인물들이 왜 현실 세계에서 게임 세계로 들어가야만 했는지에 대한 이유를 설명한다. 기훈은 다니던 회사의 구조 조정으로 인해 실직한 후 이혼한 상태이다. 도박에 빠져 사채를 쓴 상태에서 어머니의 건강 악화로 돈이 필요한 상황에 처해 오징어 게임에 뛰어들게 된다.

상우는 명문대를 수석 졸업하여 승승장구하다가 투자에 실패해 큰 빚을 지게 된 인물이다. 다른 등장인물들도 비슷하게 현실에서 절망을 겪는 인물로 그려진다. 이에 등장인물들은 현실을 뒤바꿀 수 있는 유일한 수단인 '오징어 게임'에 참여하기로 마음먹는다. 이를 축약해 보면 다음과 같다.

등장인물들은 게임 세계에 뛰어들기 전 이미 현실 세계와 게임을 오갔다. 프롤로그에 나오는 '오징어 게임'과 평소 주인공이 들락거리던 '경마장', 지하철에서 주인공이 의문의 사내와 만나 '딱지치기' 게임을 했던 것 등이 그 예이다.

극 중에는 현실의 세계와 게임의 세계를 오가는 인물들이 존재하며, 갖가지 정보를 제공하여 인물들이 게임의 세계로 편입되는 과정을 묘사한다. 게임 세계의 충격적인 데스 게임을 경험하고 일상으로 돌아온 기훈이 리얼리티의 세계에서 친구에게 돈을 빌려 보려 하지만 쉽지 않고,

편의점 앞에서 우연히 만난 1번 참가자 할아버지는 기훈에게 "그곳(게임의 세계)보다 여기(현실)가 더 지옥이야."라고 말한다.[9]

기훈은 1번 참가자의 말을 듣고 생각이 많아진다. 다시 게임의 세계로 가야 하는지 고민하는 것이다. 다른 참가자들도 리얼리티 세계에서 빚을 갚을 수 있는 희망이 없음을 절실하게 느끼며 다시 게임의 세계로 들어가게 된다.

드라마의 세계관: 다층적 구조

이번에는 《오징어 게임》 속 다층적 구조를 탐구해 보자. 《오징어 게임》은 456명의 참가자, 진행요원 그리고 참가자와 진행요원 모두를 감시하고 관리하는 관리자, 게임을 모니터로 구경하며 판돈을 거는 VIP들, 총체적 책임자 프런트맨, 게임의 참가자이자 호스트인 오일남, 그리고 그 모든 것을 화면을 통해 지켜보는 시청자의 관점이 공존하는 다층적 구조로 되어 있다.

456명의 참가자들은 게임 세계에 던져진 순간부터 이름이 아닌 번호로 불린다. 이는 리얼리티와 게임의 세계가 단절된 세계임을 의미한

9　황동혁, 《오징어 게임》 2화 '지옥', 40분 53초~45분 36초, Netflix, 2021.

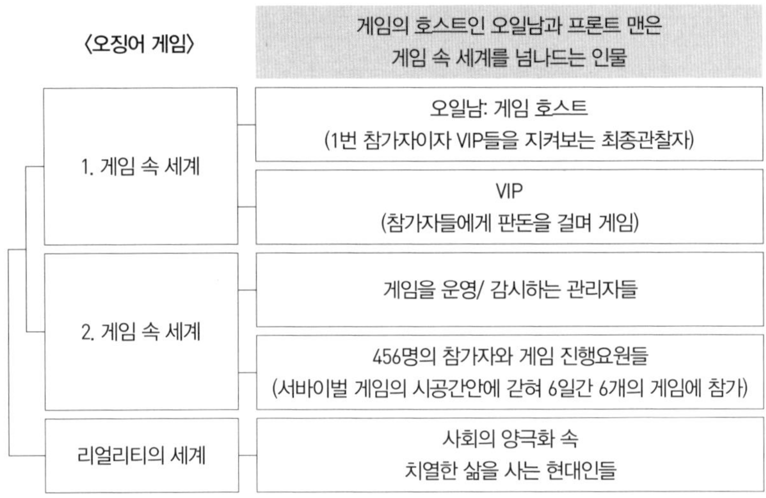

다. 시청자는 이러한 다층적인 세계관을 통해 작품의 이중 구도를 지각한다.

작가는 여러 단서를 통해 드라마의 세계관이 단일한 구조가 아닌, 내부 세계와 외부 세계로 구성된 다층 구조임을 암시한다. 형사 황준호가 실종된 형을 찾는 과정에서 그의 형이 거주하던 고시원에 들어섰을 때 책상 위에 르네 마그리트 관련 서적이 비친다.

초현실주의 화가인 르네 마그리트(René Magritte, 1898~1967)의 대표작인 〈이미지의 배반〉은 이미지와 언어 사이에 틈을 만든 것으로 유명하다. 마그리트는 파이프를 그린 뒤에 그 옆에 "Ceci n'est pas une pipe(이것은 파이프가 아니다).”라고 적힌 구절을 추가로 그림으로써 그림과 문장을 모순적으로 표현하였다. 〈통찰력을 그리고 있는 르네의 사진〉은 '세계 속에 세계'를 은유적으로 나타낸 작품이다. 이것은 마치《매트릭스》의 주인공이 책장에서 꺼낸 '시뮬라크르 시뮬라시옹' 안에 복제 디스크가 껴 있는 장면과 유사하다.

각 작품들이 재현한 미장아빔적 구조는 그림 속의 그림, 세계 속의 세계, 게임 속의 게임의 다층적 구조를 들여다보게 한다. 이처럼《오징어 게임》은 현실을 재현한 드라마 안에 게임 에피소드를 집어넣어 중층적인 구조를 재현하고 있다.

르네의 자기반영적 그림

〈통찰력을 그리고 있는 르네의 사진〉

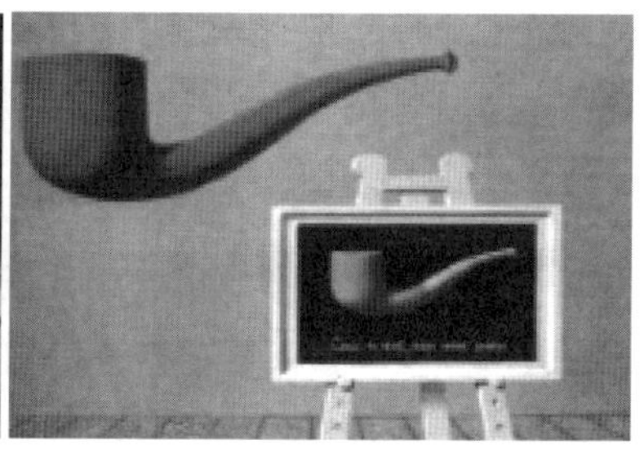

〈두 개의 비밀〉

(사진 제공: Google Art&Culture)[10]

---

10   출처: wip-news.com/news/articleView.html?idxno=5232

수미상관 구조: 작품의 메시지를 되새기다

《오징어 게임》의 주인공 기훈은 현실에서 빚에 쪼들려 허덕이던 인물이다. 그날도 어김없이 돈이 필요하던 기훈은 우연히 다가온 의문의 사내에게 10만 원이 걸린 딱지치기 게임을 제안받는다. 딱지치기를 통해 돈을 벌게 된 기훈은 신이 난다. 사내는 기훈의 이름과 생년월일 그리고 채무 상태를 읊고는, 지금보다 더 큰돈을 벌 수 있는 기회가 있는데 함께할 것인지를 묻는다. 배경음악으로 ⟨I Remember My Name⟩이 흐르고,[11] 잠시 멈칫하던 주인공은 결국 사내의 제안을 받아들여 게임 세계로 들어가게 된다.

⟨I Remember My Name⟩은 이후 게임 세계의 마지막 게임인 '오징어 게임'이 시작할 때 다시 나온다. OST ⟨I Remember My Name⟩이 흐르는 가운데 운동장에 그려진 오징어 게임판이 보인다.[12] 오징어 게임판을 내려다보는 VIP들에게 프런트맨은 오징어 게임이 "오래전에 한국에서 아이들이 많이 했던 놀이"라고 소개한다.

기훈은 어린 시절 상우와 즐겼던 오징어 게임을 회상한다. 어린 시절 순수한 마음으로 오징어 게임을 즐기던 기훈의 모습과 이제는 그럴 수 없는 기훈의 모습이 대비된다. 이때 오징어 게임은 어린 시절과 현재의

---

11   《오징어 게임》 1화 '무궁화꽃이 피던 날', 22분 50초~23분 55초.
12   《오징어 게임》 9화 '운수 좋은 날', 00분 07초~00분 50초.

모습, 그리고 현실 세계와 가상 세계를 연결시키며 시청자들에게 묘한 감상을 불러일으킨다.

기훈과 상우의 혈전도 막을 내리고 기훈이 승자나 다름없어지면서, 이 광경을 지켜보던 모든 이들은 상우가 기훈의 손에 의해 죽을 것이라고 예상한다. 하지만 승리자가 된 기훈은 갑작스레 "안 해, 그만두겠어!"라며 게임을 중단한다. 게임이 중단되자 게임과 함께 진행되던 음악 역시 멈춘다.

상금을 얻기 위해 가상 세계에 참여한 기훈의 극한 욕망의 끝자락을 붙든 것은 어린 시절 집으로 돌아가려는 〈I Remember My Name〉이었다. 작품은 자신의 이름을 잊지 말고 기억하라는 메시지를 갖고 있는 〈I Remember My Name〉의 반복을 통해 서로 다른 등장인물들의 서사와 세계관을 하나로 연결시킨다. 단순히 여러 서사를 나열하는 것에서 그치지 않고 하나의 OST를 통해 작품을 아우르는 의미를 도출하게 하는 것이다.

이러한 수미상관 구조는 드리미의 시작과 끝을 연결시켜 드라마에 통일된 논리가 있음을 암시함으로써 관객의 해석을 유도한다. 이는 드라마가 종결된 후에도 관객이 작품의 메시지를 되새기게 하는 장치이다.

②

보이지 않는 큰 거울,
자기반영적 주체

○△□

드라마 속 자기반영적 주체의 네 가지 측면

이 장에서는 《오징어 게임》 안의 자기반영적 주체를 네 가지 측면에서 살펴보고자 한다. 그 네 가지 측면들은 게임 세계의 반영, 작가의 작품 세계 반영, 인물이 자기반영적 주체가 되는 과정, 그리고 시청자가 자기반영적 주체가 되는 과정이다.

게임 세계의 반영 – 매직미러

우선 게임 세계에 대한 반영을 이해하기 위해 《햄릿》을 다시 들여다보자. 《햄릿》은 극 중에 《쥐덫》이라는 작은 연극을 삽입하여 타살된 아버지의 죽음을 재현하고 진실을 밝혀내는 용도로 사용하였다. 이와 유사하게 《오징어 게임》도 드라마 속 화면으로 드라마의 전체적인 모습을 함축적으로 반영하고 있다.

그러나 《오징어 게임》에서는 상위층이 거울의 역할이 되어 하위층을 바라보는 구도가 나타난다. 게임의 내부 세계 안에는 진짜 거울은 아니지만 일방적으로 바라보는 매직미러가 존재한다. 한 세계에서 다른 세계를 관찰하고 참가자들을 관리하기 위한 영상 스크린이 무한 반복된다. 게임 관리자들의 세계에서는 게임의 참가자들과 게임의 진행 요원들을 화면으로 일방적으로 비춰 보며 거울의 역할을 하는 것이다.

작가의 작품 세계 반영
– 피카소와 보이지 않는 세계

다음으로는 《오징어 게임》 속 한 장면에 나타난 책들을 통해 작가의 자의식을 작품 세계에 반영한 자기반영성을 살펴보고자 한다.

형사 황준호가 실종된 형을 찾기 위해 그의 거주지인 고시원에 방문했을 때, 고시원 책상 위에는 르네 마그리트와 파블로 피카소 관련 책들과 자크 라캉의 『욕망 이론』, 알베르 카뮈의 『이방인』, 니체의 『자라투스트라는 이렇게 말했다』 등이 놓여 있다.[1] 이 중에서 파블로 피카소의 『The Blue and Rose Periods』는 게임 너머의 암울하고 비참한 현실과 인간의 욕망을 암시하며 게임의 다각적인 측면을 나타낸다.

---

[1]   《오징어 게임》 2화 '지옥', 28분 45초~29분 29초.

《오징어 게임》 제2화 '지옥' 편에서 보이는 서적들

피카소(Pablo Ruiz Picasso, 1881~1973)는 갑작스러운 친구의 죽음을 계기로 1901년부터 4년 동안 사회적 약자, 노인, 고독자의 야위고 병든 모습을 청색으로 표현하였다. 이후 사랑에 빠진 피카소가 장미시대를 거치며 모순된 수법의 작품 스타일로 변화한다. 청색시대 그림에는 비참한 현실이, 장미시대 그림에는 핑크빛 희망이 보인다.

그러나 이후 피카소의 작품은 겉으로 보이는 색보다는 대상을 바라보는 위치를 바꾸면 다각적으로 볼 수 있는 형태로 변한다. 피카소 이전 시대 그림은 화가가 보이는 시점에서 작품을 완성했다. 따라서 그림에 원근법이 적용될 수밖에 없었다. 피카소는 원근법을 해체하고, 혁명적으로 한 화폭에 여러 시점을 그려 넣기 시작한다. 후에 피카소는 이같이 지적한다.

"사람들이 겉으로 보이는 것에만 집중할 뿐,

대상의 다양한 면모는 이해하지 못한다."[2]

그는 화폭에 보이는 것 그 너머의 것을 표현하고자 한 것이다. 예술가와 철학자들은 보이는 것 너머의 보이지 않는 세계를 가시화하는 사람들이다. 《오징어 게임》의 작가도 이 드라마를 통해 현실 세계에서 감춰진 것을 드러내고자 한다.

인물이 자기반영적 주체가 되는 과정
– '오징어 게임'의 세계로의 회귀를 예고한 기훈

《오징어 게임》의 작가는 다양한 게임을 통해 삶을 표현한다. 기훈의 어린 시절은 마냥 행복하게 게임을 즐겼던 모습으로, 어른이 된 기훈은 경마장에 빠진 모습으로, 기훈의 계획 없는 삶의 태도는 인형 뽑기를 할 때 "아무거나 집으려" 하는 모습으로[3] 표현되었다. 그 후에는 지하철에서 묘령의 사내와 딱지치기를 하면서 게임의 세계로 진입하는 과정이 묘사된다.

2   로버트 루트번스타인 · 미셸 루드번스타인, 박종성 옮김, 『생각의 탄생』, 에코의 서재, 2007, p.110.

3   《오징어 게임》 1화 '무궁화꽃이 피던 날', 13분 01초.

그리고 《오징어 게임》에 참가한 456명 참가자들의 인생 주체가 누구인지를, 또 그들이 자신의 욕망을 채우기 위해 게임의 세계로 들어왔는지 혹은 타자의 욕망에 의해 게임의 세계로 들어왔는지를 생각해 보게 한다. 인간다운 삶을 살기 위해 투쟁하던 사람들은 자신의 인간성마저 포기하고 만다. 《오징어 게임》 참가자들은 거대한 돼지 저금통을 눈앞에 두고도 어떠한 것도 얻지 못한 채 목숨을 잃는다. 수많은 이들의 죽음 앞에서 인간의 욕망은 매우 허무하게 연출된다.

마지막 게임이 끝나고 집으로 돌아가는 길에서 기훈은 프런트맨에게 "어째서 이런 게임을 주최했냐?"라고 질문을 한다. 프런트맨은 기훈에게 "경마 좋아하시죠? 당신들은 말(馬)입니다."라고 답한다. 프런트맨의 대답은 기훈에게 모종의 변화를 일으킨다.

《오징어 게임》 제1화와 제9화 장면 일부의 텍스트

	음악	텍스트
1화	〈Round 1〉 13:01 ~13:30	"아저씨, 그렇게 생각 없이 아무거나 집으니까 안 되죠." → 기훈의 성격과 세계관을 드러내는 대목이다.
9화	〈Unfolded〉 49:47 ~50:50	"잘 들어. 난 말(馬)이 아니야. 사람이야. 그래서 궁금해. 너희들이 누군지." → 게임에 참여하고 난 뒤로 기훈의 세계관이 새롭게 변화했음을 암시한다.

시간이 지나 기훈은 공항 철도로 가던 중 본인을 '오징어 게임'의 세계로 초대한 그 묘령의 사내가 새로운 참여자와 딱지치기하는 모습을 목격한다. 기훈은 사내에게 즉시 달려가 그의 명함을 빼앗고 명함에 적힌 번호로 전화를 건다. 전화 연결이 된 프런트맨에게 기훈은 의미심장한 말을 던진다.

"잘 들어. 난 말(馬)이 아니야. 사람이야. 그래서 궁금해. 너희들이 누군지. 어떻게 사람에게 이런 짓을 할 수 있는지. 그래서 난 용서가 안 돼. 너희들이 하는 짓이. 절대로!"

이로써 드라마는 기훈이 자기반영적 주체가 되어 다시 한번 오징어 게임의 세계로 회귀할 것을 예고한다.[4]

시청자가 자기반영적 주체가 되는 과정
– 화면 속의 화면

《오징어 게임》에서의 '자기반영'은 자본주의 사회의 난면, 특히 인간의 욕망을 비춘다. 프런트맨이 참가자들을 모니터링하는 뒷모습은 '화면 속의 화면'으로 비치고, VIP들이 참가자들의 선택을 관찰하는 뒷모

---

4   《오징어 게임》 9화 '운수 좋은 날', 50분 21초~52분 47초.

습도 '화면 속의 화면'으로 비친다.

　시청자는 이 모든 게임을 관람하는 자리에 앉게 된다. 시청자는 '화면 속 화면'을 바라보면서 자기반영을 경험한다. 시청자는 '화면 속 화면'을 통해 오히려 게임 세계와 거리를 두고 이성적으로 작품을 바라보게 된다. 드라마가 진행되고 화면이 꺼지는 순간이 오면, 시청자들은 꺼진 화면에 비친 자신을 바라보며 게임의 세계가 심연의 게임으로 변하여 자기반영적 주체가 되는 과정을 겪게 되는 것이다.

③

환상을 깨라!
낯설게 하기 기법

○ △ □

작품에서 거리 두기가 필요한 이유

드라마 《오징어 게임》의 서사와 음악은 '낯설게 하기'를 통해 시청자의 객관적 사고를 유도한다. 앞서 살펴본 바와 같이 '메타'란 '~을 함께', '~위에서'로 보는 인식론적 개념이자 전략이다. 드라마에서 나타나는 낯설게 하기(혹은 생소화 효과)는 독일의 극작가이자 연출가인 베르톨트 브레히트(Bertolt Brecht, 1898~1956)가 말한 개념이다.

브레히트는 관객이 등장인물의 상황이나 심리에 공감할 때 이성에 기반한 사고 능력을 상실한다고 수상하며, 이를 극복하기 위한 수단으로 거리 두기, 즉 '낯설게 하기' 기법을 제시하였다. 여기서 그는 관객이 극에서 펼쳐지는 이야기가 현실과 다르다는 사실을 깨닫도록 하는 작업이 중요하다고 강조한다. 결국 그는 극적 몰입이 환영에 불과하다는 것을 관객이 깨닫도록 하기 위해 '낯설게 하기'를 사용한 것이다. 이 기법은 작품에 대한 환상을 파괴하여, 관객이 작품과 거리를 느끼고 객관적으로 바라보도록 유도한다.

드라마 속 낯설게 하기 기법
– 괴리감과 혼란으로 사고 확장과 인식 변화를 유도하다

《오징어 게임》에 나타난 '낯설게 하기' 기법

《오징어 게임》에서 나타난 낯설게 하기 기법을 살펴보자. 참가자들을 비추는 모니터를 관객에게 비추어 화면 속 화면을 형성함으로써 이중으로 상황을 인식하게 하는 구도가 반복적으로 나타난다. 또 참가자들의 처절한 사투와 그것을 오락으로 삼는 상위 계층의 모습을 반복적으로 대비함으로써 관객에게 괴리감을 주고 자본 구조에 대한 작품의 풍자적인 시각을 드러낸다. 드라마 서사와 상호 관계로 보이는 음악적 서사도 전통놀이의 단선율, 재즈곡, 익숙한 클래식을 전복시킴으로써 낯설게

하며 음악의 의미를 생각하게 하는 특징을 보인다.

　예를 들어 첫 번째 게임, '무궁화꽃이 피었습니다'에서는 게임에 참여하는 참가자들의 모습을 프런트맨과 관리자들이 상위 공간에서 모니터를 통해 바라보는 장면이 제시된다. 그뿐만 아니라 제한 시간이 다 되어 갈 무렵, 참가자들이 사력을 다해 결승선에 진입하는 긴박한 상황에서 프런트맨이 화면을 응시하며 〈Fly Me to the Moon〉을 재생하는 뒷모습은 관객에게 괴리감을 준다. 이때 '무궁화꽃이 피었습니다'의 단선율과 섬세한 재즈곡이 반복적으로 교차되며 관객을 낯설게 한다.

　다섯 번째 게임인 '유리 징검다리 건너기'에서는 게임이 시작하기 전에 요한 슈트라우스 2세의 왈츠 〈아름답고 푸른 도나우강〉과 함께 상위층의 공간과 VIP들이라는 존재가 소개된다. 한편 16명의 생존자들은 하얀 방에 도착해서 번호가 부여된 마네킹을 선택한다. 반짝이는 가면을 쓴 VIP들이 있는 화려한 방으로 화면이 옮겨지면 다시 이 왈츠가 흐른다.

　게임의 시작을 알릴 때마다 반복 재생되었던 익숙한 클래식 음악이 사실 지배계급을 상징하는 계층 구별 짓기[1]의 음악임이 밝혀지면서 관객이 느끼는 음악에 대한 이미지가 전복된다. 이는 음악이 사회를 비판

---

[1]　피에르 부르디외, 앞의 책, p.37.

하는 기능을 수행하고 있다는 점에서 또한 낯설게 느껴진다. 시청자는 VIP들의 방에서 흐르는 왈츠와 참가자들이 대기하는 하얀 방에서의 침묵을 통해 청각적 이중인식을 경험하게 된다.

드라마에서 《오징어 게임》 속의 내부 세계와 리얼리티에 해당하는 외부 세계가 형성하는 다층성과 아이러니는 낯설게 하기를 통해 시청자로 하여금 혼란을 일으키게 한다. 낯설게 하기는 메타드라마가 갖는 중요한 전략으로서 시청자의 사고의 확장과 인식의 변화를 유도한다.

지금까지 《오징어 게임》 속 메타전략을 살펴봄으로써 작품이 주제 의식을 전달하는 메타적 방식에 대해 살펴보았다. 다음 장에서는 드라마 《오징어 게임》에 활용된 음악의 특징을 살펴보고, 메타전략과 결합하여 새로운 의미와 해석 가능성을 도출하는 메타음악적 특징을 탐구하고자 한다.

Part 4

《오징어 게임》에 활용된
음악의 특징

《오징어 게임》은 메타드라마를 구성하는 강력한 장치로서 음악을 적극적으로 활용했다. 음악은 단순히 배경음악으로서의 기능을 넘어 서사와 함께 텍스트로서 기능하며, 이는 이 드라마의 음악이 상호텍스트성을 지닌다는 점을 방증한다. 이 장에서는 음악의 낯설게 하기, 음악의 아이러니, 극한의 긴장과 침묵의 극적 활용이라는 세 가지 측면에서의 특징을 살펴본다.

$$①$$

《오징어 게임》을 위한
오리지널 사운드트랙

작품 속 OST의 구성과 특징

《오징어 게임》에 인용된 음악은 낯설게 하기를 통해 관객의 관습을 깨고 질문을 던지게 한다. 표제가 있는 《오징어 게임》의 OST는 어떤 의미를 가지고 서사와 독창적으로 연결되어 있다. 《오징어 게임》에 나타나는 음악의 낯설게 하기는 메타드라마의 메타 서사와 상호작용하여 서로의 역할을 극대화한다.

《오징어 게임》에 사용된 음악은 크게 클래식 3곡, 재즈 1곡 그리고 OST 20곡이다. 클래식곡은 하이든의 〈트럼펫 협주곡〉(Trumpet Concerto in E-Flat Major, Hob. VIIe:1: III. Finale.) 3악장, 요한 슈트라우스 2세(Johann Strauss Ⅱ, 1825~1899)의 왈츠 〈아름답고 푸른 도나우강〉(An der schönen blauen Donau Op.314), 차이코프스키의 〈현을 위한 세레나데〉 2악장이고, 재즈곡은 바트 하워드(Bart Howard, 1915~2004)의 〈Fly Me to the Moon〉이다.

이 중《오징어 게임》에 등장하는 왈츠 〈아름답고 푸른 도나우강〉은 게임이 시작될 때마다 참가자들의 심리와 맞지 않게 반복적으로 들리고, 하이든의 〈트럼펫 협주곡〉은 참가자들이 비참한 공간에 처해 있을 때 힘찬 기상 음악으로 사용된다.

《오징어 게임》에 사용된 OST와 음색

순서	OST 20곡(연주 시간)	악기 구성 및 음색
1	Way Back Then(2'32초)	리코더, 튜바, 우드스탁, 일렉기타, 박수 소리, 팀파니, 실로폰, 캐스터네츠
2	Round Ⅰ(1'20초)	일렉기타, 스트링, 신스패드, Fx(바람 소리, 쇳소리)
3	The Rope Is Tied(3'19초)	우드스탁, 차이나, 탬버린, 북(세분), 트라이앵글, 아고고, 기타
4	Pink Soldiers(39초)	아카펠라
5	Hostage Crisis(2'23초) 위험한 인질극	드럼, 일렉기타, 팀파니, 스트링, 벨, 찰현악기
6	I Remember My Name (3'14초)	벨, 피아노, 스트링
7	Unfolded…(2'39초)	초반 10초끼지 심장박동, 14초에 앰뷸런스 소리 이후 테마 음악 시작－피아노, 일렉기타, 스트링, 벨, 팀파니, 신스
8	Needles and Dalgona(4'09초)	팀파니, 리코더, 일렉피아노, 스트링, 벨, 아코디언, 퍼커션(북－쇳소리)
9	The Fat and the Rats (1.53초)	기계적인 상승효과(0～40초까지) 신스, 스트링, 하프

10	It Hurts So Bad (1.14초)	슬픈 음색, 스트링
11	Delivery(5'38초)	일렉기타, Fx(바람 소리, 쇳소리), 벨, 일렉피아노
12	Dead End(5'50초)	스트링, 마림바, 카우벨, 북, 나일론 기타
13	Round VI(5'55초)	하이톤 북, 스트링, 차이나, 심벌, 팀파니
14	Wife, Husband and 4.56 Billion(4'27초)	벨, 코러스. 북, 일렉기타, 피아노, Fx
15	Murder Without Violence (1'54초)	팀파니, 심벌, 리듬퍼커션(종류), 꽹과리
16	Slaughterhouse III(8'17초)	공포감 형성, 못 박는 소리, 공진소리
17	Owe(2'27초)	벨, 일렉피아노
18	Uh...(3'39초)	피아노, Fx(바람소리)
19	Dawn(6'42초)	팀파니, 일렉기타, 하이햇, 심벌, 첼로, 신스(패드), 코러스
20	Let's Go Out Tonight(3'28초)	피아노, 벨

재즈곡 〈Fly Me to the Moon〉도 마찬가지로 작중 상황과 맞지 않는 음악으로 등장하는데, 많은 참가자들이 죽음을 맞이하는 첫 번째 게임에서 프런트맨이 화면을 통해 이들을 바라보며 〈Fly Me to the Moon〉을 듣는 장면에서 이를 확인할 수 있다.

잘 알려진 클래식곡을 배경음악으로 인용하는 이유

요한 슈트라우스 2세의 왈츠곡 〈아름답고 푸른 도나우강〉은 슈트라우스가 프로이센 전쟁에서 패배해 침울해진 조국 오스트리아의 분위기를 전환하는 데 도움이 되기를 바라며 작곡한 곡이다.[1] 힘차고 화려한 음색으로 전 세계인들에게 잘 알려진 이 곡은 서주와 왈츠 1, 2, 3, 4, 5곡 그리고 후주로 구성되어 있다.

서주 부분은 현악기군이 차분하게 트레몰로 주법으로 음을 지속하는 가운데 호른이 주선율을 연주하고 힘차고 밝은 분위기로 호른과 바이올린이 연주한다. 이어지는 왈츠 2는 하프의 신비로운 선율로 아름답게 연주되며, 왈츠 3은 목관 악기군이 유려한 음색으로 선율을 연주한다. 왈츠 4에서는 다채로운 펼침화음에 경쾌한 리듬이 진행된다. 곧이어 왈츠 5에서는 도약하는 선율과 역동적 리듬으로 반전되며 클라이맥스로 이어진다. 마지막 후주에서는 서주의 주선율과 앞선 5개의 왈츠들이 재현되며 화려하게 끝맺는다.

이렇게 잘 알려진 클래식곡을 배경음악으로 인용하는 것이 갖는 음악적 함의에 대해 고찰하고자 한다. 음악은 음색, 선율, 템포, 화음 등 다양한 요소들을 통해 보편적인 감상을 불러일으킬 수 있는 힘이 있고,

---

[1] 송지선, "빈 오페레타의 사회문화적 함의에 관한 연구", 국민대학교 박사학위논문, 2022, p.43.

어떤 대상을 상징할 수도 있다.

　선율은 어떤 악기로 표현하느냐에 따라 다르게 들린다. 예를 들어 호른이나 트럼펫으로 연주할 경우 그 특유의 음색으로 힘차게 들리기 때문에 군대나 남성적인 것 등을 표현할 때 많이 사용한다. 같은 선율이라도 템포가 느려지면 차분해지고 빨라지면 생기 있게 느껴진다. 또 같은 템포에 같은 선율이라도 어떤 화음이냐에 따라 전혀 다른 분위기를 갖는다.

　그래서 음악은 인물의 심리나 배경 등을 은유할 수 있고 분위기를 전할 수도 있다. 대개의 경우 드라마의 음악적 요소는 극의 흐름을 예견할 수 있는 단서가 되거나 인물의 심리를 암시하는 역할을 한다. 예를 들어, 존 윌리엄스의 《죠스》 OST는 드보르작의 〈신세계 교향곡〉 중 제4악장 첫 소절을 인용하여 죠스가 있음을 암시한다. 음악이 언어보다 더 위협적 메시지를 전달하는 것이다.

　그러나 《오징어 게임》에 활용되는 클래식 음악은 참가자들의 심리와 동떨어진 느낌을 줄뿐더러 극의 흐름과도 상관이 없어 보인다. 친숙하지만 상황을 더 낯설게 만드는 클래식 음악은 메타 서사와 연결되어 작품의 상징적 전략으로 기능한다.

《오징어 게임》 속 OST의 효과

〈Fly Me to the Moon〉은 프런트맨이 나오는 장면에서 재생되며, 첫 번째 게임에 나온 후 8화에서 다시 등장한다. 이 음악 역시 서사와 동떨어진 느낌을 주기 때문에 익숙하지 않은 음악적 진행이나 음악의 서스펜스(Suspension)[2]처럼 낯선 감상을 불러일으킨다. '무궁화꽃이 피었습니다'의 데스 게임이 주는 공포와 충격은 〈Fly Me to the Moon〉과 부조화하게 결합하여 기괴함을 자아낸다. 충격적인 공포의 상황에 환상적인 선율과 표제가 충돌하며 낯섦과 아이러니를 발생시킨다.

《오징어 게임》의 OST들은 서사와 충돌하는 음악으로 아이러니를 유발하기도 한다. 예를 들어《오징어 게임》의 두 번째 게임에 연결된 음악은 OST 〈Needles and Dalgona〉의 경쾌한 선율이다. 게임은 보편적으로 재미를 위한 것으로 여겨지지만, 《오징어 게임》은 아이들의 놀이에 잔혹함을 더해 낯설게 한다. 친숙한 놀이와 죽음의 결합은 경쾌한 선율과 결합하여 더 극적인 아이러니를 유발한다. 목숨을 건 긴박한 순간에 퍼지는 경쾌한 음악은 모순적이다. 이러한 아이러니는 시청자로 하여금 감정 처리에 어려움을 느끼게 하고 감정에서 빠져나와 사고하게 한다.

OST 〈The Rope Is Tied〉는 언뜻 보기에 데스 게임에 맞는 극한의 긴

장 상태를 묘사하는 듯 보인다. 친숙함과 낯섦이 공존하는 불확실한 상태를 나타내기보다 객관적인 상황을 모방하고 참가자들의 심장박동 소리를 재현하는 것처럼 느껴진다. 그러나 기훈 팀의 승리로 게임이 끝남과 동시에 모든 동작과 격한 음악이 갑자기 멈춘다. 이때 약 25초간 공백이 생기며 숨소리 외에는 아무것도 들리지 않는다. 이와 같은 공백은 음악의 불확실성을 더욱 강화시킨다.

《오징어 게임》 속에서 전략적으로 채택되고 활용된 음악은 어떠한 특징을 지니며 기능하는지 자세히 살펴보자. 이 장에서는 음악의 낯설게 하기, 음악의 아이러니, 극한의 긴장과 침묵의 극적 활용이라는 세 가지 측면에서의 특징을 살펴보고자 한다.

(2)

음악의 낯설게 하기,
감정도 낯설게 하기

○△□

〈Way Back Then〉

– 어린 기훈과 어른 기훈

《오징어 게임》의 음악은 정형화된 형식에서 벗어나 낯설게 하기를 시도한다. 프롤로그에서 시작되는 〈Way Back Then〉은 리코더의 음색과 함께 어린 시절 게임에 푹 빠진 기훈을 보여 준다. 어린 기훈의 모습은 순수함으로 가득하다. 그러나 이후 등장하는 어른이 된 기훈의 모습은 이러한 순수함과는 거리가 멀다.

〈Way Back Then〉은 어린 시절의 기훈과, 자본주의 논리에 빠져든 현재의 기훈을 대비시키며 시청자로 하여금 감정적으로 이질감을 느끼게 한다. 이러한 낯설게 하기는 시청자의 감정을 기존의 관습적 해석에서 벗어나도록 유도하며, 서사와 정서적 상호작용에 새로운 의미를 부여한다.

⟨Unfolded⟩

– 비참한 현실과 절박함

다음으로 등장하는 ⟨Unfolded⟩의 도입부도 마찬가지로 낯설다. 심장 박동 소리와 구급차 소리가 결합되어 작곡된 이 곡은 게임의 초대에 응한 사람들이 승합차를 기다릴 때, 게임의 세계로 들어갈 때 반복된다. 도입부에 심장박동 소리와 구급차 소리는 반복될 때마다 서주의 악기 변화와 템포를 다르게 한다. ⟨Unfolded⟩는 아름다움만을 추구하는 여타 음악과 달리, 비참한 현실과 절박함을 감정적으로 표현하고 있다.

선율과 산문의 중첩

첫 번째 게임인 '무궁화꽃이 피었습니다'의 선율과 참가자들에게 발포되는 총소리가 긴밀히 연결되는 연출 역시 낯설게 하기 기법의 일종이다. 이는 음악의 프레이즈, 즉 어절을 어디까지로 이해해야 하는지에 따라 구체적인 해석이 달라진다. 프레이즈를 선율과 쉼표를 묶어 한 프레임으로 보았을 때, 반복되는 선율 이후 쉼표에 결합되는 안내 방송과 잔혹한 게임의 세계를 나타내는 총소리는 음악과 게임의 규칙을 결합시켜 반복하기에 선율과 산문이 중첩된다.

〈Fly Me to the Moon〉

– 보이는 것 너머에 또 다른 무엇이 존재한다

충격적 장면에서 등장하는 음악의 낯설게 하기는 바트 하워드(Bart Howard, 1915~2004)의 〈Fly Me to the Moon〉이라는 재즈곡에서 나타난다. '무궁화꽃이 피었습니다' 게임이 진행된 공간은 참가자들에게 공포의 영역으로 간주된다. 결승선이 가까워질수록 참가자들은 '무궁화꽃이 피었습니다'의 선율에 몸을 맡겨 사력을 다해야 한다.

참가자들이 사력을 다해 노력하는 모습은 슬로 모션으로 표현되며, 상위층에서 게임을 모니터링하는 프런트맨은 〈Fly Me to the Moon〉을 듣고 있다. 그리고 프로트맨의 뒷모습을 비추는 또 다른 화면 뒤에는 이 모두를 관람하는 관람객이 있다. 충격과 공포의 순간, 이 명곡은 상당히 낯설다.

극심한 긴장과 비극의 순간에 나른하게 울려 퍼지는 이 곡은 시청자로 하여금 게임의 세계로부터 일정한 거리를 두고 빠져나오게 한다. 이는 등장인물들의 상황과 감정에 대한 동일시를 파괴하면시, 시청자로 하여금 작품에 대해 고찰하도록 유도하는 것이다. 이러한 기법은 시청자들에게 보이는 것 너머에 또 다른 무언가가 존재할지도 모른다는, 보다 심도 있는 생각으로 이끈다.

$$\textcircled{3}$$

음악의 아이러니,
공포와 웃음의 충돌

○△□

첫 번째 게임 '무궁화꽃이 피었습니다'
– 하위층의 단선율 VS 상위층의 재즈 음악

첫 번째 게임에서는 탈락이 곧 죽음을 의미하는 데스 게임, 고무 인형, 청각적 이미지로서의 총소리, 그리고 하위층의 단선율과 상위층의 재즈 음악이 결합되어 수많은 아이러니를 일으킨다. 재즈 음악은 상위층에서 게임을 관망하는 프런트맨이 시간에 구애받지 않고 게임을 감상하는 여유로운 상황을 암시한다. 반면에 하위층에서는 단순한 선율과 리듬으로 데스 게임이 진행되고 있다.

이러한 상황은 아이러니를 일으킨다. 아이러니는 화자와 화자 사이, 상황과 상황 사이, 드라마와 시청자 사이에서 발생된다. 첫 번째 게임과 음악의 규칙은 잔혹한 게임 세계의 정보를 제공하고, 왜 재즈 음악이 나오는지에 대한 정보를 보류한다. 이로 인해 시청자는 궁금증을 가지고 사고하게 된다.

두 번째 게임 '설탕 뽑기'

– 비극적 게임과 희극적 음악의 충돌

《오징어 게임》의 참가자들이 두 번째 게임 장소에 도착하면 〈Needles and Dalgona〉의 도입 부분이 리코더의 선율로 들린다. 게임 장소에 도착한 참가자들은 동그라미, 세모, 별, 우산 문양이 그려진 문 앞으로 이동하여 자신이 원하는 모양을 선택하게 된다. 참가자들이 선택하는 동안 리코더의 불협화음이 마치 심장박동처럼 반복해서 울린다.[1]

《오징어 게임》 OST 〈Needles and Dalgona〉 부분

(우스꽝스러운 행동과 함께 사용된 아이러니한 음악)

---

1   《오징어 게임》 3화 '우산을 쓴 남자', 36분 10초.

선택의 시간이 지나고 안내 방송이 두 번째 게임을 공개한다. 두 번째 게임은 '설탕 뽑기'로, 뽑기의 모양이 부서지면 탈락하게 되며 탈락은 곧 사살을 의미한다. 간단한 세모 모양을 선택한 사람들이 먼저 성공하기 시작한다. 안내 방송이 '111번과 67번 성공'을 말할 때, '199번 성공'을 말할 때, '210번 성공'을 말할 때 총소리가 연달아 재생된다. 안내 방송과 총소리는 성공과 실패, 정확히는 생존과 죽음이 오가는 상황을 암시하며 격렬한 긴장감을 유발한다.

기훈은 가장 어려운 우산 모양 뽑기를 선택하여 조금만 잘못해도 모양이 부서질 수 있는 상황에 처한다. 시간은 얼마 남지 않았고, 기훈의 얼굴에는 식은땀이 흐른다. 이때 우연히 떨어진 땀에 달고나가 녹는 모습을 보며, 기훈은 무언가 떠올랐다는 듯이 달고나 뒷면을 핥기 시작했다. 목숨을 걸고 하는 게임이기에 어떻게든 성공해야 한다.

이때 갑자기 경쾌한 음악이 흐르고, 혀로 핥아 달콤함을 맛보며 달고나를 침으로 녹이는 우스꽝스러운 상황과 목숨을 담보로 한 급박한 상황이 대비되어 아이러니한 장면이 연출된다. 음악은 시간적 예술이기 때문에 청자의 예상과 다른 방식으로 흐르거나 기대하지 못한 순간에 흘러나올 때 새로운 방식으로 감정을 움직이게 한다고 할 수 있다.[2]

---

[2]   권송택, "하이든 작품에 나타나는 음악적 아이러니", 『서양음악학』, 14권 1호, 한국서양음악학회, 2011, p.40.

성공하기까지 촉박한 게임의 시간과 성공하지 못했을 때의 안타까운 죽음을 예상하던 시청자는 경쾌한 음악의 갑작스러운 삽입으로 인해 아이러니한 상황을 느끼게 된다. 그러면서 비극적 게임과 희극적 음악의 충돌이 무엇을 의미하는지 다시 생각해 보게 되는 것이다.

'설탕 뽑기'라는 게임은 자신들이 선택한 모양과 그 모양이라는 세계에 갇혀 꼼짝 못 하는 비참한 현실을 상징한다. 《오징어 게임》의 세계는 현실을 풍자하고 자본주의 사회의 일면을 보여 준다.[3] 결국 목숨을 건 게임과 달콤한 맛이라는 보상 사이에서 몸부림치는 기훈의 끔찍한 현실은 음악을 통해 더욱 강조된다. 이러한 공포와 웃음이라는 전략은 관객에게 음악을 통해 정·반·합이라는 변증법적 사유[4]를 불러일으키게 한다.

마지막 라운드 '오징어 게임'

– 운수 좋은 날

《오징어 게임》은 계속해서 아이러니한 감정을 유발하는데, 이와 같은

---

3   전영재, "《오징어 게임》의 스토리텔링 전략 연구–데스 게임 장르를 중심으로–", 『만화애니메이션 연구』, 한국만화애니메이션학회, 2021, pp.415-470.

4   게오르그 헤겔은 "어떤 새로운 합이든 그 속에 담긴 모순이 발견되고 다시 이를 극복하는 과정을 거치게 된다. 따라서 모든 것은 끊임없는 변증법(정·반·합)에 놓여 있다."고 했다. 변증법은 서로 다른 두 개념 또는 주장의 대립을 통해 새로운 결론에 도달하는 것을 말한다.

전형적인 작품으로는 현진건의 소설『운수 좋은 날』(1924)을 들 수 있다.[5]『운수 좋은 날』의 줄거리는 다음과 같다.

인력거꾼으로 살아가는 김첨지는 열흘 넘게 돈을 벌지 못했다. 비가 추적추적 오는 어느 날, 몸이 아프다며 나가지 말라는 아내의 만류에도 김첨지는 일을 하기 위해 집을 나선다. 그날따라 손님이 많아 많은 돈을 벌게 된 김첨지는 '운수 좋은 날'이라고 생각한다. 친구를 만나 술을 한잔하고, 아내가 좋아하는 설렁탕을 사 들고 집에 왔지만 아내는 이미 죽어 있었다. 김첨지는 "왜 설렁탕을 사 왔는데 먹지를 못하니."라며 울부짖는다. 운이 비극으로 바뀌며 아이러니한 상황이 연출된 것이다.

《오징어 게임》의 마지막 에피소드 제목이 '운수 좋은 날'인 것은 이러한 소설의 내용과 같이 게임의 끝이 비극적인 결말이 될 것임을 암시한다. 기훈은 456억 원을 받아 집으로 돌아가지만 어머니의 죽음을 보게 된다.

이렇듯 《오징어 게임》은 언어라는 게임을 통해 곳곳에 아이러니라는 퍼즐을 배치하고 수용자가 퍼즐을 맞추게 하는 방식으로 시청자를 사고하게 한다.

5   이정한, "영화-아이러니 논의의 새로운 가능성에 대하여", 『현대영화연구』, 17(3), 2021, pp.151-176.

④

극한의 긴장과
침묵의 극적 활용

○△□

극한의 긴장과 극단의 이완의 교차

《오징어 게임》의 OST 〈The Rope Is Tied〉에서는 극한의 긴장과 극단의 이완이 교차하며 나타난다. 이 곡은 《오징어 게임》의 두 번째 게임인 '줄다리기'에서 등장한다. 이 게임은 10명이 한 팀을 이루고, 타워 위로 올라가 줄다리기를 하여 상대 팀을 아래로 떨어뜨리는 단체전이다. 팀 구성원의 힘이 강하면 유리한 게임인 만큼, 건강하고 젊은 남성이 많을수록 승리할 확률이 높다고 할 수 있다.

한편 기훈이 속한 팀은 여성 세 명과 노인 오일남이 포함되어 있어 패배가 예상되었다. 그러나 오일남은 게임 시작 전, 줄다리기는 단순한 힘의 싸움이 아니라 전략과 단합의 게임이라고 말한다. 이때 인생의 경험과 연륜이 돋보이게 하는 웅장한 북소리가 울려 퍼지며 팀원들의 희망이 고조되고 있음을 표현한다.

《오징어 게임》 OST, 〈The Rope Is Tied〉 부분

오징어게임 4화 쫄려도 편먹기 46분 47초 – 줄다리기 게임 입장

(오일남이 전략을 말할 때 인생의 경험과 연륜을
받쳐 주듯 웅장하게 울리는 북소리)

(템포의 변화와 및 반복과 청각적 이미지의 강화를 통해
인물들의 심장박동이 빨라지는 것과 게임의 격화를 동시에 표현함)

게임이 시작되고 오일남의 전략에 따라 모든 팀원이 몸을 뒤로 젖히며 줄다리기 줄을 당긴다. 상대 팀은 약자로 구성된 주인공 팀이 예상과 달리 쉽게 끌려오지 않자 당황하고 힘의 균형을 잃는다. 주인공 팀은 이 틈을 노려 다 같이 힘을 모은다.

이때 급박하게 진행되는 힘겨루기 장면과 음악은 시청자로 하여금 《오징어 게임》 인물들의 심장박동과 숨소리를 온몸으로 느끼게 만든다. 특히 빨라지는 심장박동을 보여 주는 듯한 타악기의 기예는 게임의 격화를 표현하는 듯하다. 결과적으로 힘의 균형을 잃은 상대 팀이 타워 아래로 추락하면서 기훈 팀의 전략적 힘겨루기와 음악은 모두 막을 내린다.

더 큰 긴장감을 유발하는 의도적인 침묵

연출적 차원에서 주목할 만한 점이 있다면, 주인공 팀이 줄다리기 게임에서 승리할 때 기쁨의 함성과 음악 대신 정적이 지배했다는 사실이나. 이때 약 25초간 공백이 생기며 숨소리 외에는 아무것노 들리시 않는다. 죽다 살아난 자들이 천장을 보고 누워 거친 숨소리만 내뱉고 있는 모습은 음악적 쉼표로 표시된다.

언뜻 보기에는 이완으로 보이는 침묵이다.[1] 그러나 비명이 필요한 곳에 침묵을 배치함으로써 긴장감을 고조시켜 몰입도를 높이려는 의도이다.[2] 이는 참가자들에게 죽음이라는, 곧 다가올 비극적 현실을 예상하게 하며 더 큰 긴장감을 유발한다.

《오징어 게임》의 첫 번째 게임에서 나타나는 '무궁화꽃이 피었습니다'의 선율과 산문 사이의 대조, 단선율의 음악, 재즈곡에서의 낯설게 하기, 그리고 〈Needles and Dalgona〉에서 드러나는 음악의 아이러니, 〈The Rope Is Tied〉에서 사용되는 음악적 긴장과 이완 사이의 극적 효과 및 공백은 시청자가 등장인물들의 감정이나 상황에 빠져 동일시되는 것을 중단시키는 역할을 한다.

다음 장에서는 《오징어 게임》에 나타난 음악의 메타성을 관찰해 보고자 한다.

---

1   《오징어 게임》 5화 '평등한 세상', 1분 39초~2분 06초.
2   백승무, 앞의 논문, p.189.

Part 5

《오징어 게임》 승리 전술,
메타음악

《오징어 게임》에 활용된 음악은 사회를 비판하는 역할을 하며 메타드라마와 상호적인 관계를 맺고 있다. 각각의 음악적 특징이 서사와 유기적으로 작용하며 어떻게 메타성을 드러내는지를 음악에 나타난 패러디, 주제 의식을 드러내는 음악의 알레고리, 상징으로서의 음악, 내러티브의 변주, 음악의 자기반영성 등 다섯 가지 범주로 나누어 상세히 조명하고자 한다.

①

음악에 나타난 패러디,
친숙한 풍자

○△□

3 · 3 · 7 박수와 〈Way Back Then〉

패러디는 '관찰하고 흉내 내는 행위'를 의미한다. 이를 통해 작가는 원작(A)을 창작 작품(B)에 반영하여 비평(C)하거나 익살스럽게 풍자하기도 한다. 《오징어 게임》의 OST인 〈Way Back Then〉은 3 · 3 · 7 박수를 패러디했다.

《오징어 게임》 제1화는 리코더 선율을 배경으로 어린 시절 즐겼던 '오징어 게임'의 규칙을 소개하며 시작된다.[1] 아이들이 오징어 게임을 하는 장면에서 흐르는 리코더 연주는 장난스러운 어린이들의 느낌을 그대로 전달한다. 이 곡은 어린 시절 응원할 때의 3 · 3 · 7 박수를 모방하여 청자에게 친숙함을 느끼게 한다. 어린 시절 운동장에서 즐겁게 놀며 하던

---

1   《오징어 게임》 시즌 1, 1화 '무궁화꽃이 피던 날', 00분 00초~02분 37초.

오징어 게임은 기훈의 대사와 함께 어른의 세계로 전환된다.

<Way Back then>

《오징어 게임》 OST, 〈Way Back Then〉 부분

"선을 밟거나 밖으로 나가면 죽는다. 그래, 죽는다."

어른이 된 기훈은 빚에 쪼들려 온몸이 만신창이가 되어 지하철역에서 묘령의 사내에게 한판에 10만 원이 걸린 딱지치기 게임을 제안 받는다. 쉽게 돈을 벌기 위해 신나게 '한 판 더'를 외치며 게임에 몰두할 때 〈Way Back Then(Reprise)〉의 선율이 다시 흐른다.[2]

이 음악은 기훈이 지하철역에서 묘령의 사내와 딱지치기를 하는 게임에서, 따귀를 맞는 모멸적이고 비극적인 상황에서 주인공의 모습을 우습게 보이도록 한다. 밝은 선율과 음색이 돈에 혈안이 된 주인공의 모습을 비추면서 〈Way Back Then〉의 3 · 3 · 7 박수 소리가 들린다. 어린이의 게임은 '재미'로, 어른의 게임은 '자본'으로 패러디되어 나타난다.

2　《오징어 게임》 1화 '무궁화꽃이 피던 날', 20분 36초~21분 50초.

⓶

주제 의식을 드러내는
음악의 알레고리

○△□

메시지를 전달하기 위한 의미의 집합체

알레고리는 메시지를 전달하기 위한 의미의 집합체로 특정 주제(A)를 겉보기에 관련 없어 보이는 다른 대상(B)에 빗대어 비유하거나 표현하는 기법이다.[1] 시청자는 반복되는 주제적 표현을 자신의 삶의 경험에 비추어 받아들이므로 해석(C)은 자의적(arbitrary)이고 다의적(polysemous)이 된다.

발터 벤야민은 『독일 비애극의 원천』에서 알레고리의 가치를 부조리성의 측면에서 상조한다. 그는 서로 무관한 것처럼 보이는 별들에 의미를 부여한 행위가 별자리를 만드는 것처럼 알레고리는 역사 안에서 항

---

1   알레고리는 표면적인 이야기나 묘사 뒤에 어떤 정신적·도덕적 의미가 암시되어 있는 비유를 말한다. (https://www.oxfordlearnersdictionaries.com/definition/english/allegory?q =allegory)

상 중요한 역할을 해 왔음을 설명한다.[2] 그리고 알레고리의 특성을 다의적이며 경계를 넘나드는 표현으로 서술한다.[3]

예를 들어 부지런한 사람을 개미에 비유하거나 게으른 사람을 베짱이에 비유하는 것이 이에 해당한다. 여기서 개미는 단순히 부지런함을 넘어 겨울을 대비해 열심히 일하는 부지런한 인물을 가리킨다. 따라서 알레고리는 비유에 동원되는 다양한 의미를 포함하는 일종의 집합체로 이해될 수 있다.

음악의 알레고리 역시 메시지를 전달하기 위한 의미의 집합체로서 이해될 수 있다. 벤야민은 음악이 알레고리적 드라마와 밀접한 관계가 있다고 말한다.[4] 드라마에서는 설명하기 어려운 관념적인 의미들을 음악이라는 메타적 언어로 전달할 수 있기 때문이다.

《오징어 게임》 속 음악의 알레고리

알레고리는 상징이 갖는 보편적 의미를 해체하여 다른 방식으로 그 의미를 강조하거나 재구성하는 기법이다. 예를 들어 《오징어 게임》에서

2   발터 벤야민, 앞의 책, p.27.
3   위의 책, p.263.
4   위의 책, p.318.

활용된 요한 슈트라우스 2세의 왈츠는 비참한 게임의 세계와 대조적이
지만, 이 상징적 음악은 벼랑 끝에 선 참가자들의 절박함을 아이러니하
게 극대화시키며 그들의 내면적 갈등과 처절한 상황을 강조한다.

    "지각, 또는 인지 상태가 드라마의 주제가 될 수 있으며, 극작가
는 이러한 지각을 명시적인 주제로 삼아 배경에 내재된 것을 드러
내야 한다."[5]

이처럼 장면과 상반된 음악의 조합은 시청자가 보다 깊이 있는 해석
을 하도록 유도하며 그 이면의 메시지를 전달한다.《오징어 게임》은 인
간의 욕망을 게임에 투영하여 욕망에 이끌려 주체를 잊게 만드는 자본
사회의 일면을 참가자 번호, 즉 이름의 강탈을 통해 은유적으로 표현
한다.

《오징어 게임》에 숨어 있는 주제를 찾기 위해서는 작품 곳곳에 배치된
다양한 메타전략들을 종합적으로 분석해야 한다. 작품의 주제를 명확
히 이해하기 위해서는 이러한 메타전략들을 분석할 필요가 있다.《오징
어 게임》은 자본이 주도하는 게임의 잔혹함을 비참한 장면과 음악을 통
해 드러내며, 주체를 기억하라는 작품의 주제 의식을 반복적으로 강조
한다.

5   리차드 혼비, 앞의 책, pp.208~209.

〈I Remember My Name〉과《센과 치히로의 행방불명》

《오징어 게임》의 OST 〈I Remember My Name〉의 알레고리는 서사와 결합하여 이름(B)으로써 주체(A)를 강조한다. 이는 미야자키 하야오 감독의《센과 치히로의 행방불명》(2002)에 나타나는 알레고리와 유사하다.《센과 치히로의 행방불명》에서 이름은 중요한 소재로 사용된다. 주인공 치히로는 자신의 진짜 이름을 잃고 '센'이라는 이름을 갖게 되지만, 다시 이름을 되찾음으로써 자신의 정체성을 회복하고 성장하는 과정을 그린다.

작품 속에서 치히로는 이사를 가던 중 부모님과 함께 이상한 세계에 들어서게 된다. 부모님은 식당에서 음식을 마구 먹다가 점차 돼지로 변하고, 치히로는 이 세계에서 이름을 잃으면 빠져나갈 수 없다는 사실을 알게 된다.

이 세계에서 많은 인물들이 눈앞의 욕망에 사로잡혀 본질을 잊고 살아가지만 주인공 치히로는 자신의 이름을 빼앗기지 않으려 몸부림친다. '치히로'는 온천장의 주인인 마녀 유바바에게 본래 이름 대신 '센(숫자 천)'이라는 이름을 받고, 마녀 유바바는 치히로를 온천장에서 일하는 일꾼으로 대하며 그녀의 주체성을 부정한다.

그러나 치히로는 천신만고 끝에 자신의 이름을 되찾고 이를 통해 부모님을 구하게 된다. 이 과정에서 치히로는 주체를 회복하고 성장하게 된다. 이름은 주체와 밀접하게 연결되어 치히로의 여정은 이름을 통해 자아를 회복하고 진정한 주체를 찾는 과정을 그린다.

《오징어 게임》에서도 〈I Remember My Name〉을 통해 시청자에게 자신의 이름을 기억하고 이를 통해 주체를 회복하라는 메시지를 전달한다. 자본주의와 고도의 경쟁 사회 속에서 살아가는 우리에게 경기에서의 말(馬)[6]이 아닌 하나의 주체로서 삶을 영위하라는 메시지를 던지고 있는 것일지도 모른다. 게임의 세계에서 빠져나가 진정한 주체가 되라는 이 메시지는 서사와 음악이 결합되어 직조된다.

6   기훈은 마지막 경기 후 프런트맨에게 "당신들은 말(馬)입니다."라는 이야기를 듣는다. 기훈은 자신의 재미를 위해 게임의 세계에 사람을 모으고 그들을 경주장의 말(馬)같이 뛰게 한 일남에게 경악한다.

③

상징으로서의 음악,
숨겨진 의미를 찾아서

○△□

상징이 형성되는 방식

상징은 연상, 관례, 약속 등을 통해 대상을 지시하는 것으로, 그림이나 말, 소리, 마크 등으로 다양하게 활용된다. 도로의 빨간 팔각형은 'STOP'을 표현하며, 숫자는 수에 대한 상징이다. 수많은 기호와 언어는 상징으로 구성되어 있다. 상징이 형성되는 방식은 크게 세 가지로, 원형적 상징, 관습적 상징, 개인적 상징으로 나눌 수 있다.

원형적 상징이란 시공간을 초월하여 받아들여질 수 있는 보편적인 상징을 말한다. 관습적 상징은 문화와 역사적인 맥락 속에서 되풀이하여 사용되어 굳어진 상징으로, 관습을 통해 보편화된 상징을 말한다. 마지막으로 개인적 상징은 작가가 만들어 낸 상징으로, 작품 내에서 약속된 상징을 말한다. 개인적 상징은 널리 알려진 대상에 작가가 새로운 의미를 부여하는 상징이다. 예를 들어 어떤 작가는 '별'을 희망으로, 또는 떠나간 사람에 대한 그리움으로 상징을 만들어 낸다. 잘 알려진 대상인

'별'에 대해 작가의 독창성을 부여하는 것이다.

《오징어 게임》 속 요한 슈트라우스 2세의 왈츠

《오징어 게임》에서 요한 슈트라우스 2세의 왈츠 〈아름답고 푸른 도나우강〉은 게임의 시작을 의미하는 음악으로 반복적으로 사용되었다. 이 왈츠곡은 첫 번째 게임부터 다섯 번째 게임의 시작을 알릴 때마다 반복하여 재생된다.

이 왈츠가 처음 등장하는 장면은 456명의 참가자들이 게임에 참가하겠다고 서명하는 순간이다. 주인공 기훈이 웃으며 자신의 증명사진을 찍고 참가자들이 알록달록한 계단을 통해 게임 장소로 이동하는 동안 계속 재생된다. 이후 게임이 시작될 때마다 이 왈츠가 반복되며 《오징어 게임》 속에서 왈츠는 게임의 시작을 알리는 음악으로 인식된다.

요한 슈트라우스 2세의 왈츠 〈아름답고 푸른 도나우강〉 특유의 밝고 경쾌한 선율은 게임을 앞둔 참가자들의 긴장감, 불안, 공포 등의 감정과 시청자를 분리하는 역할을 한다. 이와 동시에 화려하고 천진한 느낌을 주는 '오징어 게임' 세계와 참가자들이 처한 공포스러운 상황 사이에서 느껴지는 괴리감을 극대화하고 있다.

첫 번째 게임의 시작은 밝게 알려진다. 그러나 두 번째, 세 번째, 네 번째 게임이 거듭될수록 참가자들은 점점 불안하고 침울해지며, 다섯 번째 게임의 시작에서는 참가자들의 암울한 감정이 극도로 고조된다. 왈츠는 여타 배경음악과는 달리 등장인물들의 정서나 서사를 뒷받침하지 않고 오히려 장면과 어울리지 않는 경쾌한 음악으로 낯설게 한다.

〈Wife, Husband and 4.56 Billion〉 장송곡 삽입의 의미

제7화 'VIP'에서는 요한 슈트라우스 2세의 왈츠곡이 게임의 시작을 알리는 음악이 아닌 완전히 새로운 의미로 등장한다. VIP룸에서 자살한 69번 참가자의 모습이 스크린에 비칠 때 흘러나오는 왈츠곡은 VIP들의 여유롭고 호화로운 분위기와 어우러지며 처음으로 장면과 조화를 이룬다.

69번에게 베팅을 한 VIP는 그를 한 인간이 아닌 자신이 배팅한 게임의 말(馬)처럼 취급하며 자신이 배팅한 사람이 죽는 것에 아쉬움을 표한다.[1] 게임 시작이나 종료에 배치되어 장면과의 괴리를 주던 왈츠 음악의 숨겨진 의미가 제시된 것이다.

전날 구슬치기 게임에서 69번이 자신의 아내를 잃고 자살하자, OST

---

1   《오징어 게임》 7화 'VIPS', 12분 45초~12분 55초.

〈Wife, Husband and 4.56 Billion〉[2]의 중간 부분인 장송곡이 흐른다. 이 슬픈 OST 위에 경쾌한 왈츠가 겹쳐지며 다음 게임의 시작을 알린다.[3] 이후 VIP가 태연하게 다른 번호에 베팅하는 모습을 통해 이 왈츠곡은 《오징어 게임》에서 자본의 상류계층을 암시하는 상징으로 사용되었다는 사실을 알 수 있다.

게임 진행 장면에 왈츠가 배치된 것은 참가자들의 사투를 오락 삼아 관람하는 VIP들의 시선을 암시하기 위함이었음이 드러난다. 따라서 요한 슈트라우스 2세의 왈츠는 게임 시작을 지시하는 음악임과 동시에 VIP 계급의 상징이라고 할 수 있다.

요한 슈트라우스 2세의 왈츠가 활용된 장면

에피소드	상황	분위기
1화	첫 번째 게임 장소로 이동[4]	희망, 밝음
3화	두 번째 게임의 문을 여는 음악[5]	불안함
	두 번째 게임 종료를 의미[6]	두려움

2   OST 〈Wife, Husband and 4.56 Billion〉은 제목처럼 3부분으로 나뉜다. 처음은 〈I Remember My Name〉(Reprise), 중간 부분이 장송곡 분위기 그리고 마지막 부분은 〈Unfolded〉(Reprise)이다.

3   《오징어 게임》 7화 'VIPS', 14분 19초~15분 32초.

4   《오징어 게임》 1화 '무궁화꽃이 피었습니다', 41분 51초~42분 50초.

5   《오징어 게임》 3화 '우산을 쓴 남자', 28분 11초 28분 53초.

6   《오징어 게임》 3화 '우산을 쓴 남자', 46분 51초 47분 34초.

	세 번째 게임의 문을 여는 음악[7]	불안함
	세 번째 게임의 종료를 의미[8]	허탈함, 불안함
6화	네 번째 게임의 장소로 이동하며 규칙을 어긴 자들의 시체를 바라봄[9]	통제와 극한 두려움
7화	VIP 입장 및 게임에 대한 기대감[10]	VIP들의 베팅에 관한 대화, 게임에 대한 기대감
	69번의 자살 이후 연결된 OST와 왈츠를 연결하며 다섯 번째 게임을 지시[11]	슬픈 코러스와 왈츠의 대비
	참가자들의 공간과 VIP룸이 교차됨[12]	참가자들의 침울함과 VIP의 호화로움이 교차
8화	참가인원 3명이 식탁에 앉아 있는 장면 비추며 왈츠로 또 다른 게임을 암시[13]	극도의 긴장과 새벽의 고통

7   《오징어 게임》 4화 '쫄려도 편먹기', 32분 04초~32분 17초

8   《오징어 게임》 4화 '쫄려도 편먹기', 32분 49초~33분 38초.

9   《오징어 게임》 6화 '깐부', 2분 02초~2분 52초.

10   《오징어 게임》 7화 'VIPS', 12분 12초~13분 38초.

11   《오징어 게임》 7화 'VIPS', 15분 17초~15분 48초.

12   《오징어 게임》 7화 'VIPS', 15분 23초~24분 10초.

13   《오징어 게임》 8화 '프런트맨', 7분 32초~8분 51초. 여기서의 게임은 공식적으로 드러나지 않는다. 그러나 다섯 번째 게임에서 살아남은 기훈, 상우, 새벽에게 주최측에서 만찬을 제공 후 진행요원들이 식탁 위에 일부러 스테이크용 나이프를 올려 두고 떠난다. 이 비공식적 게임에서 새벽은 상우에게 죽임을 당한다.

《오징어 게임》에 나타나는 상징으로서의 음악 특징

《오징어 게임》에 나타나는 상징으로서의 음악은 첫째, 지배계급과 피지배계급의 이중성을 대조시킨다. 둘째, 클래식 음악과 《오징어 게임》의 OST를 결합시켜 괴리감을 극대화한다. 셋째, 음악과 침묵을 교차시키며 드라마 서사와 상호교류하는 텍스트의 사슬로 결합된다.

3장에서 언급한 바와 같이 《오징어 게임》에서 클래식 음악은 구별 짓기의 한 방법으로 쓰인다. 참가자들이 처한 상황에서 흐르는 음악은 '무궁화꽃이 피었습니다'와 같은 단선율, 단순한 음향 등으로 나타나 그들이 처한 여유 없고 절망적인 상황을 드러낸다. VIP를 위해 게임을 총괄하고 감독하는 프런트맨의 공간에서는 주로 재즈가 사용되며 상대적으로 여유로운 분위기를 조성한다.

VIP 공간에서 흐르는 왈츠 선율은 클래식 특유의 호화로운 느낌을 주며, 재즈보다 상위에 있는 음악으로서 '오징어 게임' 속 계층을 구별 짓는다. 호화롭고 우아한 왈츠 음악은 작품 전반에 걸쳐 참가자들의 불운한 상황과 강하게 대비를 이루며 참가자들을 경마장의 말로 취급하고 그들의 사투를 오락거리로 삼고 있다.

〈아름답고 푸른 도나우강〉의 작곡 배경과 상징성

음악이 이렇듯 지시하고 상징하는 역할을 할 때 해당 음악의 기능은 상당 부분 관객에게 달려 있다고 할 수 있다. 상징으로서의 음악은 음악적인 사전 지식, 음악적 소양을 전제하고 있으며, 관객은 일반적인 음악 청취 이상의 지적 사유를 수행해야 한다.

〈아름답고 푸른 도나우〉의 작곡 배경은 1866년 프로이센의 전쟁에서 패배한 오스트리아 국민을 응원하기 위함이었다. 오스트리아 전체에 퍼진 우울한 분위기를 고양시키려 요한 슈트라우스는 알프스에서 흘러내려 오스트리아를 거쳐 빈 한가운데를 흐르는 도나우의 강과 시인 카를벡(Karl-Bech)의 시를 떠올렸다.

"괴로움이 많은 그대여, 그대는 젊고 다정하구나.
금광의 황금처럼, 거기에는 진실이 되살아난다.
도나우 강변에, 아름답고 푸르른 도나우 강변에"[14]

〈아름답고 푸른 도나우〉는 요한 슈트라우스 2세가 처음에 남성 합창곡용으로 작곡하였으나, 후에 관현악용 왈츠로 편곡하여 프랑스 파리에서 성공을 거둔 후 요한 슈트라우스 2세의 왈츠로 알려지게 되었다.

---

[14] 국민음악연구회, 「세계명곡해설대사전 5」, 서울: 국민음악사, 1981, p.349.

드라마 《오징어 게임》의 시작을 알리는 〈Way Back Then〉의 3ㆍ3ㆍ7 박수는 〈Way Back Then〉의 기저에 깔린 맥락으로 'Cheer up'을 의미하고, '힘을 내라'는 텍스트는 곧 변질된 어른의 게임으로 편입되며 낯섦으로 전이된다. 이후 게임의 세계에서는 요한 슈트라우스 2세의 왈츠로 참가자들을 'Cheer up'시킨다는 의미와 맞닿는다. 요한 슈트라우스 2세의 왈츠 〈아름답고 푸른 도나우강〉은 《오징어 게임》에서 VIP들의 비정함을 묘사하며, VIP 계급의 상징으로 재창조된다.

《오징어 게임》 속 왈츠의 의미

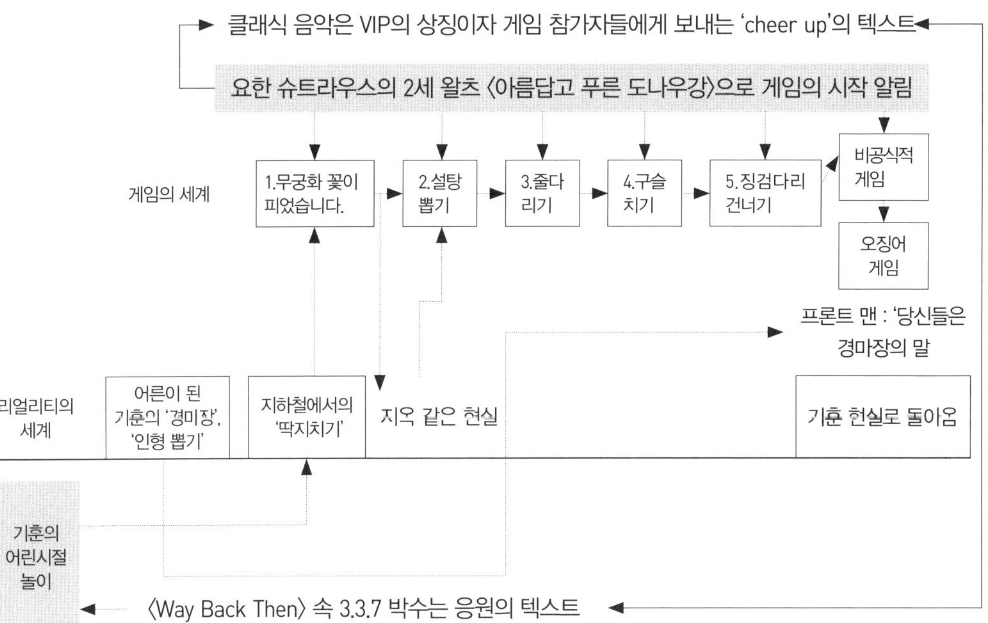

④

서사에 따라 다변하는
내러티브의 변주

○△□

변주와 반복이 필요한 이유

관념적 주제를 언어로 표현할 때는 다양한 제약이 따르므로 종종 여러 가지 대상에 빗대어 표현하기를 반복하게 된다. 음악 또한 의미 전달을 위해 주제를 제시하고 그 주제 선율의 리듬, 선율, 화음, 음색에 변화를 주면서 이를 반복적으로 설명한다. 이러한 변주와 반복은 주제의 다양성과 깊이를 전달하는 중요한 역할을 한다.

〈Wife, Husband and 4.56 Billion〉의 의미

영화나 드라마에 사용되는 기악음악은 주로 배경음악으로 분위기를 조성하거나 내러티브를 보조하는 역할을 해 왔다. 그러나 《오징어 게임》의 음악은 내러티브를 전달하는 기능을 한다. 예를 들어 OST 〈Wife, Husband and 4.56 Billion〉은 제목에 아내, 남편 그리고 456억

원의 의미를 표제에 담고 있다. 이 OST가 지칭하는 아내는 구슬치기 게임에서 죽었고, 남편인 69번은 아내의 죽음으로 괴로워하다가 다음 날 자살하지만, 게임은 여전히 펼쳐진다.

〈Wife, Husband and 4.56 Billion〉은 A-B-C 3부분으로 구성되는 데, A 부분이 〈I Remember My Name〉의 변주이고 B 부분이 죽음과 삶의 의미를 생각하게 하는 장송곡 분위기의 곡이며 C 부분이 〈Unfolded〉(Reprise)라는 것은 OST 표제가 내러티브를 전달하며 빗대어 표현하기를 반복하는 것이다.

〈Unfolded〉에 내재된 내러티브의 변주

이 장에서 〈Unfolded〉를 통해 내재된 내러티브의 변주를 탐구해 보고자 한다. 《오징어 게임》에 〈Unfolded〉는 주로 전경에 위치하여 드라마의 내러티브를 청각적으로 표현해 주는 중요한 기능을 수행한다. 내러티브는 각기 다른 관점에 따라 다르게 해석될 수 있으며, 시청자는 이를 직감적으로 받아들이게 된다.

제1화에서 〈Unfolded〉는 리얼리티에서 게임의 세계로 초대하는 역할을 한다. 이 곡은 사운드 이펙트를 포함하여 의도적으로 음향을 과감히 음악에 결합시킨다. 특히 〈Unfolded〉의 도입부에서는 등장인물들이 리얼리티에서 게임 세계로 이동하면서 겪는 심리적 상태를 심장박동 소리

로 재현하며, 이어지는 앰뷸런스 소리로 긴장감을 조성하는 내러티브
를 전달한다. 이후에 주선율이 나온다.

《오징어 게임》 OST 〈Unfolded〉, 제1화 부분

제2화에서 〈Unfolded〉는 리얼리티에서 게임 세계로 초대하는 음악으
로 변주되고, 화면은 기훈, 상훈, 덕수, 새벽, 오일남, 알리가 차량을
기다리는 모습을 순서대로 보여 준다.[1] 이때 심장박동을 나타내는 템포
는 제1화보다 빨라지며 불안감과 긴장감을 증폭시킨다. 기훈이 차량에
탑승하기 위해 발을 내딛는 순간, 주선율이 시작된다.

---

1   《오징어 게임》 2화 '지옥', 55분 56초~56분 25초.

《오징어 게임》OST 〈Unfolded〉, 제2화 부분

-2화 빠른 템포의 10마디

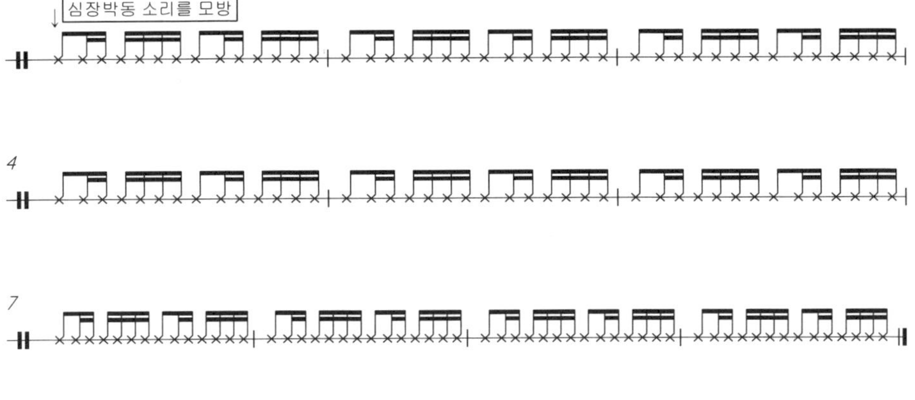

(다시 게임의 세계로 들어갈 때 빠른 템포로 변주됨)

제3화에서는 황준호가 실종된 형을 찾아 게임의 세계로 들어가는 과정을 묘사하며 〈Unfolded〉의 도입부가 나온다. 황준호가 문자를 보내면서 〈Unfolded〉 주선율이 피아노 음색으로 흐르며 상황을 표현하다가 참가자들이 탄 승합차를 실은 배에 숨어 들어간 황준호가 게임의 세계에 노착하는 뒷모습이 보이자 음악이 멈춘다.[2]

제9화에서 〈unfolded〉는 단순히 리얼리티와 게임의 세계를 넘어 극 중

---

2   《오징어 게임》 3화 '우산을 쓴 남자', 1분 12초~2분 44초.

현실에서 기다리고 있던 새로운 게임을 암시하는 음악으로 사용된다.[3] 리얼리티로 돌아온 후 폐인처럼 살아가던 기훈은 오일남의 초대장을 받는다. 이때 등장하는 음악이 다시 그의 심장박동을 표현한다. 이후 기훈이 오일남을 만나 그가 게임의 세계에서 1번 참가자로 활동한 이유가 밝혀진다. 오일남은 기훈에게 '여전히 사람을 믿는지' 물으며 내기를 제안한다.

마지막 부분에서 〈Unfolded〉는 기훈이 딸을 만나기 위해 비행기에 탑승하려다 결국 탑승을 포기하고 다시 게임의 세계로 돌아가는 장면에서 변주되어 사용된다. 이 음악은 새로운 게임의 세계가 시작됨을 암시하며, 기훈의 내적 갈등과 결단을 음악적 변주를 통해 표현한다.[4] 이 음악의 도입부는 등장인물들의 심리 상태를 반영하는 소리가 상황에 따라 빨라지거나 느려지며 긴장감을 조성한다. 또한 악기 변화로 음색에 변화를 주면서 장면의 분위기를 효과적으로 증폭시킨다.

---

3   《오징어 게임》 9화 '운수 좋은 날', 28분 4초~28분 59초.

4   《오징어 게임》 9화 '운수 좋은 날', 50분 21초~50분 34초까지 심장박동 소리로 연주되었다. 50분 35초부터 52분 47초까지 테마 피아노 연주가 시작되고 이후 전자 기타를 추가하면서 음색이 확장되고 셈여림이 커진다.

(5)

음악의 자기반영성과
내적 게임

○△□

〈I Remember My Name〉과 구슬치기 게임

《오징어 게임》의 음악을 메타드라마적 관점에서 분석하여 음악이 서사와 감정적 긴장감을 심화시키고 자기반영성을 통해 드라마의 메시지를 강화하는 방식을 탐구하였다. 이 장에서는 〈I Remember My Name〉을 자기반영성에 대입해 보고자 한다.

〈I Remember My Name〉은 기억과 자아를 상징하는 주제곡으로, 자본주의 사회에서 진정한 주체로서의 자아를 찾으라는 메시지를 전달하며 내러티브와 신밀히 결합된 메타드라마직 표현의 사례로 기능힌다. 먼저 이 곡은 '구슬치기 게임'과 마지막 '오징어 게임'에서 중요한 역할을 하기 때문에 게임의 의미와 장면에 밀접하게 연결된다.

구슬치기는 유리구슬을 땅에 던져 놓고 다른 구슬로 맞춰 따먹는 어린이 놀이이다.[1] 《오징어 게임》에서 구슬치기는 2자 게임으로 참가자는 자신의 짝을 선택해야 한다. 게임은 각자 구슬을 10개씩 가지고 시작하며, 주어진 시간인 30분간 자유로운 방식으로 구슬치기를 한 후 상대방의 구슬을 모두 획득하여 제출하는 것이다.

구슬치기 게임에서는 게임 규칙이라는 외적 조건 외에도 참가자들이 만들어 내는 내적 게임이 존재한다. 송현옥에 따르면, 동일한 게임이라 할지라도 참여자들이 만드는 다양한 규칙은 게임의 성격과 방식을 변화시킬 수 있다고 한다.[2] 네 번째 게임의 외연은 구슬치기이지만 참가자들은 자신들의 방식에 따라 서로 다른 게임을 하게 된다.

지영은 새벽과 마지막 단판 승부 방식을 염두에 두고 30분이라는 짧은 시간 동안 사적인 이야기를 나누며 '심리 게임'을 펼친다. 한편 상우는 시간이 지날수록 게임 상황이 자신에게 불리하게 돌아가자, 알리에게 함께 살아갈 방법을 찾자고 제안한 뒤 거짓말로 알리의 구슬을 빼앗으며 '사기 게임'을 벌인다. 오일남은 기훈의 따뜻한 마음에 감동을 받아 '네 것 내 것 없는 깐부'를 제안하지만, 기훈은 궁지에 몰리자 '사기 게임'을 통해 자신의 목숨을 건지려 한다.

---

1   "주로 남자아이들이 유리구슬을 땅에 던져 놓고 다른 구슬로 맞춰 따먹는 어린이놀이", 한국민족문화대백과사전https://encykorea.aks.ac.kr/Article/E0005886

2   송현옥, 앞의 논문, p.16.

〈I Remember My Name〉은 드라마의 내적 갈등을 탁월하게 묘사한다. 기훈은 마지막 구슬을 걸고 일남과 홀짝 게임을 벌인다. 일남은 치매 증상처럼 기훈에게 방금 어떤 선택을 했는지 묻는다. 기훈은 양심의 가책을 느끼지만 결국 일남을 속인다. 일남은 자신이 패배했다고 생각하고 구슬을 기훈에게 넘긴다. 이때 〈I Remember My Name〉의 음악이 흐른다. [3]

상우와 알리가 등장하는 장면에서도 이 음악은 계속 흐른다. 구슬이 하나 남은 상우는 함께 살아남을 수 있는 전략이 있다며 알리를 속인다. 알리는 자신의 구슬 주머니를 상우에게 잠시 맡긴다. 이 순간에도 〈I Remember My Name〉의 음악이 울려 퍼진다. [4]

지영과 새벽은 게임 시간이 얼마 남지 않은 상태에서 단판으로 승패를 겨루기로 한다. 새벽이 먼저 구슬을 멀리 던지자, 지영은 일부러 구슬을 자신의 앞바닥에 떨어뜨린다. 지영은 현실 세계에서 동생을 돌보아야 하는 새벽을 위해 일부러 게임에서 진 것이다.

"여기서 나갈 이유를 아무리 생각해 봐도 생각이 안 난다."

지영이 새벽에게 이같이 말하자 〈I Remember My Name〉의 주선율이

---

3   《오징어 게임》 6화 '깐부', 35분 28초~37분 03초.
4   《오징어 게임》 6화 '깐부', 37분 04초~38분 49초.

흐르기 시작한다.[5]

《오징어 게임》 OST, 〈I Remember My Name〉 부분

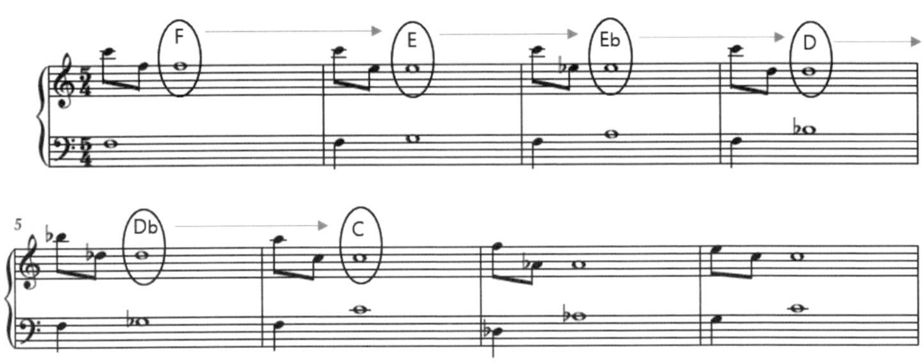

상우는 알리를 속여 구슬을 가로채고 사라진다. 마지막에 알리가 상
우를 찾으며 '상우 형, 상우 형'을 외치는 장면에서도 〈I Remember My
Name〉은 계속 흘러나온다.[6]

《오징어 게임》 속 구슬치기는 단순한 게임을 넘어 상대와의 심리적 관
계를 형성하는 과정이다.[7] 이어지는 느린 음표의 하행 진행은 분위기를
하강시키며 서사적 맥락과 유기적으로 결합되어 극의 감정적 깊이를 한

---

5 《오징어 게임》 6화 '깐부', 48분 36초~50분 47초.

6 《오징어 게임》 6화 '깐부', 50분 48초~51분 55초.

7 에릭 번, 앞의 책, p.75.

층 더 강화한다.

게임 참가자들은 다양한 동기로 상대에게 친밀감을 느끼거나 배신을 감행하며 그로 인해 죄책감에 빠지기도 한다. 〈I Remember My Name〉은 '기억남'과 '기억나지 않음' 사이에서 상대의 이름을 부르거나 자신의 이름을 말할 때마다 반복적으로 흘러나온다.

"기억 안 나? 우리 손가락 걸고 깐부 맺은 거.
깐부끼리는 네 것, 내 것이 없는 거야."

일남이 기훈에게 자신의 구슬을 손에 쥐여 주며 이렇게 말할 때 역시 〈I Remember My Name〉이 흐른다. 일남은 "그동안 고마웠네. 자네 덕분에 잘 있다가 가네."라고 말하며 기훈을 안아 준다. 울며 뒤돌아 가고 있는 기훈을 향해 일남은 그동안 기억이 나지 않았던 자신의 이름을 말한다.

"나 이름이 생각났어. 내 이름은 일남이야, 오일남."

이 일련의 감정적 장면들에서 〈I Remember My Name〉은 점점 더 크게 울려 퍼진다.[8] 이때 〈I Remember My Name〉은 극의 정점에서 활용

8   《오징어 게임》 6화 '깐부', 56분 00초~56분 58초.

되며 이러한 삽입 방식은 캐릭터와 서사 간의 긴밀한 연관성을 효과적으로 드러낸다. 이 곡은 극적 전환점을 더욱 강렬하고 인상적으로 표현하는 데 기여하며, 이야기의 감정적 몰입도를 한층 높이는 역할을 한다.

〈I Remember My Name〉은 극의 메타드라마적 성격을 강화하는 중요한 역할을 한다. 이 곡은 내러티브와 상호작용하여 극의 구조를 반영함과 동시에 관객에게 작가의 의도를 암시적으로 전달한다. 특히 캐릭터의 정체성과 기억을 상징적으로 표현하는 이 음악은 회상과 같은 서사적 요소를 강화하며 정서적 연결 고리를 형성하는 매개체로 기능한다.

〈I Remember My Name〉과 오징어 게임

여섯 번째 게임인 '오징어 게임'에서는 이전 게임들과 달리 〈I Remember my name〉이 활용된다. 게임이 시작할 때마다 들렸던 요한 슈트라우스 2세의 왈츠 대신 〈I Remember My Name〉이 흘러나오며 운동장에 그려진 오징어 게임판이 크게 강조된다.[9]

9　《오징어 게임》 9화 '운수 좋은 날', 00분 07초~00분 50초.

《오징어 게임》 OST 〈I Remember My Name〉 9화 '운수 좋은 날' 부분

(음악+게임판과 마지막으로 남은 두 명을 비추며 게임의 시작을 알림)

프런트맨은 VIP들에게 오징어 게임이 한국에서 오랫동안 사랑받은 아이들의 놀이라고 설명한다. 기훈이 어린 시절 상우와 함께했던 오징어 게임을 회상하자, 과거의 추억과 현재의 상황이 교차된다. 〈I Remember My Name〉 OST는 게임의 세계로 초대장을 건네던 딱치치기 남이 기훈의 생년월일과 이름을 말할 때 배경음악으로 흘러나오며, 기훈의 정체성과 기억을 상기시키는 중요한 음악적 요소로 작용한다.

치열한 사투 끝에 마지막 게임도 기훈의 승리로 넘어가는 듯하다. 이때 기훈은 게임을 그만두겠다며 중도 포기를 선언한다. 그의 말에 그동안의 음악은 모두 멈추고 침묵만이 운동장을 메운다. 기훈에게 패한 것이나 다름없던 상우는 어린 시절 동네에서 했던 오징어 게임을 떠올리며 눈물을 흘린다.

"가자, 집에 가자."

기훈이 다시 상우에게 다가와 손을 내밀며 말했지만, 상우는 '엄마'를
부탁하며 자살한다.[10]

〈Let's Go Out Tonight〉, 이름과 주체의 관계

사투 끝에 승리를 앞둔 기훈이 막대한 상금을 받을 기회를 포기하
고 게임 종료를 선언하며 상우에게 집으로 돌아가자고 설득할 때 〈I
Remember My Name〉은 반음 낮추어 갑자기 〈Let's Go Out Tonight〉으
로 나지막이 연주된다. 독특한 점은 이때의 표제가 〈I Remember My
Name〉이 아닌 〈Let's Go Out Tonight〉이라는 점이다.

〈Let's Go Out Tonight〉은 〈I Remember My Name〉의 변주로서 의미
가 반영된 음악이라고 볼 수 있다. 거의 흡사한 음악을 표제를 바꾸어
제시한 점에서 OST가 담고 있는 자기반영성에 대해 생각해 볼 수 있
다. 기훈은 상우와의 어린 시절을 추억하며 456억 원의 상금보다 소중
한 것이 자신들의 이름, 즉 주체임을 생각한다.

이름을 기억하라는 의미의 표제를 지닌 〈I Remember My Name〉은
〈Let's Go Out Tonight〉과 연결되어 작가의 주제 의식을 반영한다. 물질

---

10   《오징어 게임》 9화 '운수 좋은 날', 12분 18초~14분 44초.

만능주의에 빠져 이름을 잃은 오징어 게임 세계에서 나가는 길은 주체
로서의 자신, 즉 이름을 상기하는 데 있다는 작품의 메시지를 표제 음
악의 반복과 연결을 통해 전달하는 것이다. 이 곡은 극적 서사의 핵심
순간에서 서정적 완급 조절을 통해 감정적 잔상을 남긴다.

〈Let's Go Out Tonight〉은 E–D#–D–C#–C–B로 연속 반음 하행하
는 선율을 통해 서사의 폭력적이거나 충격적인 전개와 강렬한 대비를
이루며 극적 효과를 배가시킨다. 기훈이 "가자, 집에 가자."라고 말할

---

11   〈오징어 게임〉 9화, '운수 좋은 날', 12분 39초~14분 43초. 이때 들리는
OST 〈Let's Go Out Tonight〉은 〈I Remember My Name〉과 거의 같은 선율
이다. 〈I Remember My Name〉은 F key이며 〈Let's Go Out Tonight〉은 반음
낮은 E key이다. 그러나 3음이 생략되어 진행하기에 조의 성역을 명확히 드
러내지 않는다.

때 흘러나오며 이 곡은 긴박한 사건이 전개된 직후에 삽입되어 감정적 충격을 극대화하는 장치로 활용된다.

음악의 하강하는 분위기와 서사의 비극적 현실 간의 대비는 시청자에게 강렬한 감정적 여운을 남기며 극의 메시지를 더욱 선명하게 전달하는 데 기여한다. 특히 극 중의 잔혹성과 하행하는 선율의 느린 음악의 이질적 조합은 드라마가 표현하려는 메시지의 복잡성과 다층성을 더욱 부각시킨다.

그날 밤 상우와 기훈은 각각 다른 방식으로 게임의 세계에서 나오게 되었다. 〈Let's Go Out Tonight〉은 기훈의 "가자, 집에 가자."라는 대사의 반영일 수 있지만 그것이 〈I Remember My Name〉의 변주라는 점에서, 욕망에서 눈을 돌려 자신의 본질을 기억해야 자본주의 사회의 '오징어 게임'에서 벗어날 수 있다는 의미로 해석될 수 있다.

《오징어 게임》 속 메타전략 총정리

메타드라마와 자기반영성을 음악적 분석에 적용하여 음악이 서사와 감정의 전달을 넘어 관객의 자기 성찰을 유도하는 중요한 매개체임을 논해 보았다. 《오징어 게임》은 메타개념의 반영 전략이 비교적 잘 드러난다. 메타전략의 핵심은 시청자가 드라마 외부 세계와 드라마 내부 세계를 이중으로 탐색하게 하는 것이라 할 수 있다.

《오징어 게임》은 리얼리티와 게임 세계 사이를 넘나드는 등장인물들을 이용해 시청자를 낯설게 만든다. 시청자는 그렇게 드라마의 이중 구조를 관조하며 이성적인 사고를 시작하게 되고, 시청이 끝난 후 화면에 비치는 블랙 미러를 통해 자신을 비춰 보며 스스로를 대상화한다.

앞서 《오징어 게임》에 활용된 음악이 사회를 비판하는 역할을 하며 메타드라마와 상호적인 관계를 맺고 있음을 살펴보았다. 도입부를 정리하면 다음과 같다.

음악은 메타드라마와 상호적으로 관계하며 '낯설게 하기'와 '아이러니'를 통해 시청자에게 관습을 깨는 해석을 제공한다. 또한 음악의 다양한 범주를 통해 서사와 유기적으로 상호작용하며, 각각의 음악적 특징이 어떻게 메타성을 드러내는지를 다섯 가지 범주로 조명하였다.

첫째, 패러디는 〈Way Back Then〉으로 어린 시절 운동장에서의 순수한 즐거움과 대조적으로 어른이 된 기훈의 현실을 드러낸다. 예컨대 기훈이 따귀를 맞는 모습을 3·3·7 박수로 표현함으로써 돈을 위해 게임에 참여하는 비참한 현실을 극적으로 보여준다.

둘째, 〈I Remember My Name〉은 시청자가 자신의 이름과 의미를 생각하게 하며 삶의 주체성에 대해 고민하게 만든다. 시청자들은 이 음악을 들으며 게임 참가자들의 모습을 보면서 자본주의 사회에서의 삶을 자신만의 방식으로 해석하게 된다.

셋째, 상징으로서의 음악에서는 요한 슈트라우스 2세의 왈츠 〈아름답고 푸른 도나우강〉이 《오징어 게임》에서 VIP 계급을 상징하는 기능을 수행하고 있음을 제시하였다. 《오징어 게임》에 나타나는 상징으로서의 음악은 지배계급과 피지배계급의 이중성을 대조시키고 조성음악[12]과 침묵을 결합시켜 괴리감을 극대화시킨다.

넷째, 음악의 내러티브 변주를 〈Unfolded〉로 살펴보았다. 음악은 어떤 서사와 결합되느냐에 따라 새로운 음악적 해석을 만들어 낼 수도 있고, 음악을 반복적으로 연주하고 변주하여 서사의 의미를 새로 부여할 수도 있다. 〈Unfolded〉는 리얼리티에서 게임의 세계로 초대되어 들어갈 때 펼쳐진 음악이다. 기훈이 오일남의 마지막 초대를 받을 때와 이후 비행기에 탑승하지 않고 뒤돌아 나올 때 〈Unfolded〉는 또 다른 게임의 세계로 들어간다는 것을 암시한다.

다섯째, 음악의 자기반영성은 〈I Remember My Name〉과 〈Let's Go Out Tonight〉을 중심으로 분석되었다. 〈I Remember My Name〉은 시즌 1의 주요 테마곡으로 과거를 회상하거나 자신의 이름을 말하거나 상대방의 이름을 부를 때 등장하며 주체의 내면을 들여다보게 하는 중요한 역할을 한다. 이 곡이 반음 낮게 변주되어 시즌 1의 마지막 게임 장면에

---

12   조성(調性, tonality)음악은 중심이 되는 음과 화음을 정하는 규칙이 있다. 중심이 되는 음을 '으뜸음'이라 부르고 그 음과 음계 그리고 관계된 화음은 일정한 법칙 아래서 음악적 지배를 받는다.

서 〈Let's Go Out Tonight〉으로 변화하는 과정은 물질적 세계에 얽매인 이들에게 진정한 주체가 무엇인지 되돌아보게 한다. 이러한 음악적 변화를 통해 음악에 담긴 자기반영성을 이해할 수 있으며, 그에 따라 서사적 의미가 더욱 깊어짐을 알 수 있다.

이제 도입부를 마치고 본격적으로 이 책을 통해 제시하고자 하는 메타음악의 상호텍스트성을 논하고자 한다.

Step 2

제시부

FIND METAMUSIC ON SQUID GAME

Part 1

상호텍스트성
: 관계를 형성하는 음악적 힘

티셔는 메타음악의 상호텍스트성을 언급하며, 기존의 음악 위에 새로운 음악이 작곡되는 것을 상호적 관계로 보았다. 다누저는 음악의 텍스트를 네 가지로 제시하고, 음악적 콘텍스트 개념의 모드를 일곱 가지로 설정한다. 이 장에서는 《오징어 게임》 시즌 1과 시즌 2에 나타난 음악의 텍스트는 무엇이며, 일곱 가지 음악적 콘텍스트는 어떻게 활용되었는지 살펴본다.

(1)

음악에 있어서의
상호텍스트성

○△□

상호텍스트성이란 무엇인가

상호텍스트성의 개념은 미하일 바흐친(1895~1975)의 사상에 영향을 받아 본격적으로 논의되기 시작했다. 바흐친의 여러 이론 중 상호텍스트성과 밀접하게 연관된 것은 대화주의 문학이론이다. 특히 바흐친은 대화주의 이론에서 '다성성' 개념에 주목했다. 본래 음악 용어였던 다성성은 하나의 독립된 발화가 내포하는 다층적인 의미를 가리키며, 텍스트의 복합적 의미 구조를 설명하는 데 사용된다.

대화주의는 외적 대화와 내적 대화로 구분할 수 있는데, 외적 대화는 서로 다른 개인 간의 대화를, 내적 대화는 시간의 흐름 속에서 한 개인 내에서 일어나는 대화를 의미한다. 이 두 형태의 대화는 상호 관계를 맺으며, 각각의 대화는 독립된 개체로 존재하지 않는다. 바흐친은 다양한 장르나 목소리들이 예술적으로 융합되고, 작가와 나란히 능동적으로 공존하는 주체를 다성성의 개념으로 설명하였다.

바흐친의 대화주의에 영향을 받아 상호텍스트성 개념을 널리 알린 크리스테바는 '모든 텍스트는 인용의 모자이크이거나 다른 텍스트를 흡수하고 변형시킨 것'이라고 파악하였다.[1] 텍스트는 다양한 억양과 선율, 몸짓, 그림, 제스처, 언어 등으로 표현된다.

상호텍스트성은 처음 문학에서 시작되었지만 예술 분야로 점차 확산되어 나간다. 메타음악 연구가 활발한 독일에서는 흥미롭게도 상호텍스트성 개념을 '음악 위의 음악'으로 논의한다.[2] 티셔는 "인용–음악 위에 음악–상호텍스트성: 바흐친으로의 길"(2009)에서 '음악에 대한 음악'의 상호텍스트성을 언급한다.

티셔는 기존의 음악 위에 새로운 음악이 작곡되는 것을 상호적 관계로 보았다. 음악의 텍스트란 단일 주체가 아닌 많은 조각들이 모여 이루어 내는 관계적 그물망이며, 그 관계에서 기존 텍스트의 기호체계는 모방과 변형을 거쳐 다른 기호체계들로 전이된다.

---

1   노엘 맥아피, 이부순 옮김, 『경계에 선 줄리아 크리스테바』, 앨피, 2007. pp.45–60.

2   오희숙, 앞의 책, pp.82–83.

음악의 개별적 텍스트

음악 역시 텍스트가 된다. 음악은 개별적인 텍스트들을 연결하여 청자로 하여금 작품에 의미를 유추하게 하는데, 이는 음악이 갖는 상호텍스트성을 나타내는 지표라고 할 수 있다. 상호텍스트성은 개별적인 텍스트들을 한데 묶어 콘텍스트(context)를 형성한다는 데에 그 의미가 있다. 결국 상호텍스트성이 갖는 가치는 해석의 다양성에 있는 것이다.

특히 다누저는 음악의 텍스트를 소리(Klang), 기표(Notation), 언어적 기술(Wortschrift), 그림(Bild) 등 네 가지로 제시한다. 그리고 음악적 콘텍스트 개념의 모드를 일곱 가지로 설정한다. 의미를 형성하는 음악적 콘텍스트들은 텍스트처럼 바로 이해되는 것이 아닌 상황이나 문맥에 따라 해석이 가능한 상위 차원의 영역으로 이해된다. [3]

3   Hermann Danuser, 앞의 책, p.25.

(2)

《오징어 게임》에 활용된
음악의 텍스트

○△□

음악의 소리

– 상황을 효과적으로 표현하다

다누저가 설명하는 음악의 텍스트를 《오징어 게임》에 활용된 음악으로 탐색하면 다음과 같다. 첫 번째, 음악의 소리는 의미가 있는 소리이며 음향을 포함한다. 《오징어 게임》에 활용된 음악에도 음향이 포함되는데, 예를 들어 〈Unfolded〉에서 거친 바람 소리와 심장박동 소리 이후 앰뷸런스 소리가 이어진다면 이 텍스트는 상황을 표현하는 의미 있는 소리, 즉 음악적 소리라고 할 수 있다. 격렬한 두려움의 감정을 표현할 때 화성학석으로 소리를 선개하는 것보나는 빠르게 막동하는 심장박동 소리를 반복하는 것이 기호성이 더 강하다.

음악적 기표

– 이완 또는 긴장의 유발

두 번째, 음악적 기표인 음표, 쉼표, 템포 등의 기호들은 서로 병치되기도 하고 대조되면서 내재적 텍스트를 구성한다. 음표와 쉼표는 대조적이고 긴 쉼표는 이완 또는 긴장을 유발하기도 한다.《오징어 게임》시즌 1의 OST〈The Rope Is Tied〉에서는 극한의 긴장과 극단의 이완이 교차하며 나타난다. 이 곡은《오징어 게임》의 두 번째 게임인 '줄다리기'에서 등장한다.

인물들의 심장박동이 빨라지는 것과 빠른 음표와 템포로 게임의 격화를 나타내다가 힘의 균형을 잃은 상대 팀이 타워 아래로 추락하면서 기훈 팀이 이기는데, 죽다 살아난 자들이 천장을 보고 누워 거친 숨소리만 내뱉고 있는 모습은 갑자기 음악적 쉼표로 표시된다.[1] 그러나 이곳의 소리 없음은 비명이 필요한 곳에 침묵을 배치함으로써 긴장감을 고조시켜 몰입도를 높이려는 의도이다.[2] 조성의 변화들은 서로 관계적으로 움직이며 상행하거나 하행하면서 다른 분위기를 형성한다.

〈I Remember My Name〉은 참가자들의 이름이 불릴 때, 그들이 자신의 삶에 대해 회고하고 이야기할 때 반복적으로 재생되는 음악이다. 기

---

1   《오징어 게임》5화 '평등한 세상', 1분 39초~2분 06초.
2   백승무, 앞의 논문, p.189.

훈에게 게임 초대장을 건네던 사내가 기훈의 생년월일과 이름을 말할 때 흘렀던 음악으로, 〈I Remember My Name〉의 주선율은 이름이 지워진 채 번호로 불리던 참가자들이 상대의 이름을 부를 때나 자신의 이름을 말할 때 반복해서 흐른다. 사투 끝에 마지막 승자가 된 기훈이 456억 원을 포기하고 상우에게 '집으로 돌아가자'고 제안할 때, 〈I Remember My Name〉의 선율은 반음이 낮게 변주된다.[3]

언어적 기술
– 작곡가의 생각 및 곡의 배경을 반영한 표제

세 번째, 언어적 기술은 작곡가의 생각을 반영한 표제나 곡의 배경을 알 수 있는 정보들이다. 음악의 표제 혹은 배경은 음악에 내재된 소리나 지표와 결합하여 의미화된다. 예를 들어 《오징어 게임》 시즌 1의 〈Way Back Then〉, 〈Round Ⅰ〉, 〈I Remember My Name〉, 〈Unfolded〉, 〈Let's Go Out Tonight〉 등은 의미를 가진 표제와 배경, 서사와 결합한다. 《오징어 게임》 시즌 2의 〈Way forward〉, 〈You're Nothing but a Puppet〉, 〈No way back〉도 미친가지로 표제를 통해 언어적으로 음악에

---

3   《오징어 게임》 9화 '운수 좋은 날', 12분 39초~14분 43초. 이때 들리는 OST 〈Let's Go Out Tonight〉은 〈I Remember My Name〉과 거의 같은 선율이다. 〈I Remember My Name〉은 F key이며 〈Let's Go Out Tonight〉은 반음 낮은 E key이다. 그러나 낮아지는 key의 이동은 3음이 생략된 상태로 근음과 5음으로 진행되고, 조성이 불분명한 상태로 분위기를 하강시킨다.

내재된 소리와 지표와 결합된다.

음악의 그림
– 연주 형태 및 실존하는 시각적 이미지

네 번째, 다누저가 말한 그림은 음악의 연주 형태 및 실존하는 시각적 이미지를 의미한다. 《오징어 게임》은 메타드라마로 리얼리티와 게임의 세계의 이미지와 음악 그리고 화면 속에 화면으로 나타나는 음악으로 대비시킨다. 음악은 그 특유의 추상성과 투명성으로 인해 무엇을 전달하는지 설명하기 어려우나, 《오징어 게임》에 활용된 음악은 메타드라마와 상호적인 관계를 맺고 있어 보다 쉽게 설명이 가능하다.

③

《오징어 게임》의
일곱 가지 음악적 콘텍스트

○△□

다누저의 음악적 콘텍스트 개념

나아가 다누저는 콘텍스트(맥락) 개념을 다음과 같이 일곱 가지 유형으로 세분화하였다.

[음악적 콘텍스트 개념의 7가지 유형]

- 텍스트 내부의 맥락(Intratextueller Kontext): '텍스트의 한 부분'이 동일한 텍스트의 다른 부분들과 맺는 관계(Ko-Text)

- 하부구조적 맥락(Infratextueller Kontext): '텍스트의 한 부분'이 동일한 텍스트의 전체와 맺는 관계(해석학적 관계)

- 상호텍스트적 맥락(Intertextueller Kontext): '텍스트의 한 부분'이 동일한 텍스트의 범주 안에 있는 다른 텍스트들과 맺는 관계(음악 미학적 관계)

- 상호미디어적 맥락(Intermedialer Kontext): '한 텍스트의 층위'가 다른 매체에서 재현되는 것들과의 관계

- 텍스트 밖의 맥락(Extratextueller Kontext): '한 텍스트'가 미학 외적인 연

관시스템들과 맺는 관계(문화적 관계)

- 생산 미학적 맥락(Produktionsathetischer Kontext): 저자(글쓴이)를 통해 텍스트가 실현되는 것(시학적 관계)

- 수용미학적 맥락(Rezeptionsathetisher Kontext): 감상자를 통한 미학적 결과가 실현되는 것(실용적 관계)

다누저가 설정한 콘텍스트(context) 개념을 드라마 《오징어 게임》에 활용된 장면으로 분석해 볼 수 있다. 장면(Situation)은 언어행위가 발생하는 모든 시간적, 공간적 위치 및 거기에 존재하는 조건, 사건, 상황, 상태 및 분위기 등을 말한다. 장면은 맥락에 포함되며 해석을 제공하는 장치로 인식하게 된다.

텍스트 내부의 맥락

− 〈Way Back Then〉 리코더 선율의 전개

첫째, 텍스트 내부의 맥락은 특정 작품 내에서 소리, 표제, 시각적 및 음악적 요소들이 서로 어떻게 연결되고 상호작용하는지를 분석하는 개념이다. 예를 들어, 드라마 《오징어 게임》 시즌 1의 시작을 알리는 〈Way Back Then〉의 리코더 선율은 어린 시절을 떠올리게 하는 중요한 텍스트적 요소다.

이 곡의 동기(motive)는 비교적 짧고 반복적인 음악적 아이디어로 특정 선율을 형성한다. 음악은 주요 선율의 음색이나 속도와 같은 요소들을 통해 보편적인 감정을 불러일으킬 수 있는 힘을 지닌다. 특히, 리코더의 음색은 순수하고 소박한 어린 시절의 놀이를 상징할 수 있다.

따라서 《오징어 게임》에서 리코더 선율이 어린이 놀이와 연결될 때 이 선율은 특정 감정이나 상황을 상기시키며 이를 통해 작품 내에서 중요한 의미를 전달한다.

하부구조적 맥락
— 〈Way Back Then〉의 3 · 3 · 7 박수 모티브

둘째, 〈Way Back Then〉에 제시되는 3 · 3 · 7 박수 모티브는 작품의 구조적 토대를 이루는 더 깊은 층위에서의 맥락을 형성한다. 기저에 깔린 텍스트인 응원의 박수는 순수한 어린 시절 게임과 연결된다. 《오징어 게임》 시즌 1의 제1화는 3 · 3 · 7 북소리를 배경으로 어린 시절 즐겼던 '오징어 게임'의 규칙을 소개하며 시작된다.[1]

그러나 이 응원의 3 · 3 · 7 박수의 리듬이 지하철에서 기훈이 하는 딱지치기 게임과 결합되며 또 다른 의미의 맥락을 형성한다. 어른이 된

---

[1]　《오징어 게임》 시즌 1, 1화 '무궁화꽃이 피던 날', 00분 00초~02분 37초.

기훈은 빚에 쪼들려 온몸이 만신창이가 되어 지하철역에서 묘령의 사
내에게 한 판에 10만 원이 걸린 딱지치기 게임을 제안 받는다. 쉽게 돈
을 벌기 위해 신나게 '한 판 더'를 외치며 게임에 몰두할 때 〈Way Back
Then〉의 선율이 다시 흐른다.[2]

《오징어 게임》 시즌 2로 이어지는 〈Way forward〉는 딱지맨을 찾기 위
한 대규모 지하철 수색 팀과 결합된다.[3] 기저에 갈린 맥락은 여전히 응
원의 텍스트이며 데스 게임의 주최자를 찾기 위한 기훈의 굳은 결의와
연결된다.

상호텍스트적 맥락

– 〈Fly Me to the Moon〉과 〈Unfolded〉

셋째, '무궁화꽃이 피었습니다'와 〈Fly Me to the Moon〉의 결합이라는
상호텍스트적 관계는 《오징어 게임》 시즌 1과 2에서 확인할 수 있다. 이
는 아이러니의 중첩을 통해 음악과 서사의 의미에 대해 새로운 질문을
제기한다.

시즌 1의 '무궁화꽃이 피었습니다'에서 오일남은 주관적인 재미를 추

---

2   《오징어 게임》 시즌 1, 1화 '무궁화꽃이 피던 날', 20분 36초~21분 50초.
3   《오징어 게임》 시즌 2, 1화 '빵과 복권', 17분 59초~21분 56초.

구하며 게임의 룰을 알고 있기 때문에 즐겁게 움직였다. 반면 시즌 2의 '무궁화꽃이 피었습니다'에서 게임의 룰을 알고 있는 기훈은 멈춤의 순간에 혼신의 힘을 다해 "얼음"을 외친다. 두 시즌에서 반복되는 동일한 단선율의 움직임과 멈춤은 전혀 다른 텍스트로 연결되며, 더 넓고 다층적인 시각에서 사건을 바라보게 한다. 이는 시청자로 하여금 주관적인 시각과 객관적인 사실을 넘어서서, 더 넓고 복잡한 관점으로 해석하게 한다.

《오징어 게임》 시즌 1과 시즌 2에서의 '무궁화꽃이 피었습니다'와
〈Fly Me to the Moon〉의 상호텍스트적 관계

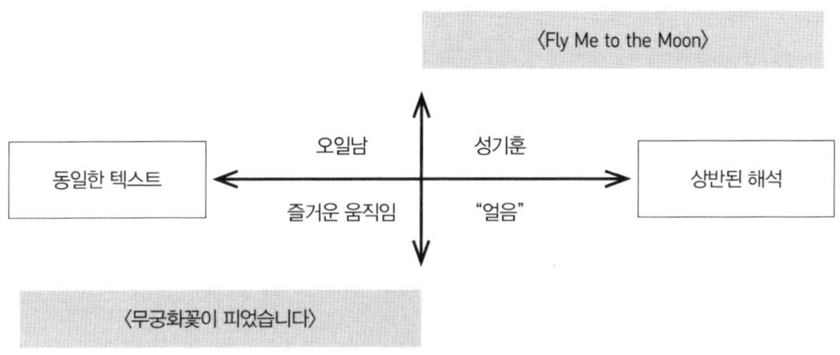

〈Unfolded〉도 《오징어 게임》 시즌 1의 9화 마지막에서 기훈이 딸을 만나기 위해 비행기에 탑승하려다 결국 탑승을 포기하고 다시 게임의 세계로 돌아가는 장면에서 변주되어 사용된다. 이 음악은 새로운 게임의 세계가 시작됨을 암시하며, 기훈의 내적 갈등과 결단을 음악적 변주를

통해 표현한다.[4]

이후 〈Unfolded〉는 다시 《오징어 게임》 시즌 2의 2화, 기훈이 탄 리무진 안에서도 사용된다.[5] 이동하는 차 안에서 프론트맨이 기훈에게 영화 《매트릭스》를 언급하며 "파란 약을 선택하여 인생을 편하게 살지, 왜 빨간 약을 선택해서 영웅놀이를 하느냐?"고 묻는다. 기훈은 "내가 보여 줄게. 세상이 너희들이 원하는 대로만 움직이지는 않는다는 걸."이라고 답한다. 이에 프론트맨이 "원한다면 뜻대로 해 주지."라는 말을 하자마자 차 내부에 마취 가스가 퍼진다.

"456번, 게임에 돌아온 걸 환영하네."

이 멘트와 함께 〈Unfolded〉 음악이 흐르며 기훈은 다시 게임의 세계로 들어가게 된다. 이 장면에서 기훈은 펼쳐진 게임 세계 속에서 이전과는 완전히 다른 모습으로 게임에 참여하게 된다. 이렇듯 시즌 1과 시즌 2의 음악적 요소들은 서로 상호작용하며 등장인물의 변화와 내적 갈등을 강조하는 방식으로 상호텍스트적 관계를 더욱 분명히 보여 준다.

4　《오징어 게임》 9화 '운수 좋은 날', 50분 21초~50분 34초까지 심장박동 소리로 연주되었다. 50분 35초부터 52분 47초까지 테마 피아노 연주가 시작되고 이후 전자 기타를 추가하면서 음색이 확장된다.

5　《오징어 게임》 시즌 2, 2화 44분~44분 54초.

상호미디어적 맥락

– 〈아름답고 푸른 도나우강〉과 〈Nessun dorma〉

넷째, 상호미디어적 맥락은 《오징어 게임》 시즌 1의 요한 슈트라우스 2세의 왈츠 〈아름답고 푸른 도나우강〉과 《오징어 게임》 시즌 2의 〈Nessun dorma〉를 들 수 있다.

요한 슈트라우스 2세의 왈츠곡은 1886년 패전한 암울한 오스트리아 국민들을 'cheer up'시키기 위해 합창곡으로 작곡하였고, 이후 관현악곡으로 편곡되어 연주되었다. 이 곡은 현재도 음원으로 수많은 영화에서 인용되고 있다. 영화 《타이타닉》에서 실내악곡으로, 《2001: 스페이스 오디세이》에서 춤추는 듯한 우주 정거장과 인공위성, 행성 등의 움직임을 표현할 때 사용되었다. 《오징어 게임》에서는 VIP들이 게임 참가자들에게 'cheer up'시키는 비정함과 연결된다.

〈Nessun dorma〉(아무도 잠들지 말라)는 푸치니의 오페라 《투란도트》 3막에서 칼라프 왕자가 승리감에 도취되어 부르는 유명한 아리아이다. 이 곡은 영화 《파파로티》(2012)[6], 《미션임파서블: 로그네이션》(2015)[7]

---

6   불우한 가정환경으로 건달이 된 주인공 '장호'가 성악가가 되고픈 꿈을 〈Nessun dorma〉에 담았고 그 꿈이 이루어진다는 설정이다.

7   영화 『미션: 임파서블 – 로그네이션』에서 남자주인공 '에단'은 자신에게 닥쳐진 수수께끼를 풀기위해 고군분투하고 그 과정에서 그를 조력해주는 동료들이 테러조직 신디케이트에게 납치와 고문을 당하게 된다. 오페라 《투란도

등에 사용되었다. 《오징어 게임》 시즌 2에서 〈Nessun dorma〉는 대화 속 권력 관계와 음악적 대비를 통해 시청자들에게 게임의 잔혹함과 그 안에서 생존을 위해 싸우는 인간의 비극을 더욱더 강렬하게 전달한다.

텍스트 밖의 맥락
— 시즌 1과 2의 연결성을 강화하는 텍스트 밖의 소리

다섯째, 텍스트 밖의 맥락은 음악 작품 자체에 포함된 음표, 리듬, 선율, 화음 등 음악적 요소들 외에, 작품을 이해하는 데 영향을 미치는 외부적 요인들을 의미한다. 《오징어 게임》에서 시즌 1과 시즌 2의 첫 번째 게임인 '무궁화꽃이 피었습니다'의 선율에 결합된 안내 방송, 기훈의 설명 및 총소리를 예로 들 수 있다.

'무궁화꽃이 피었습니다'의 텍스트는 외부적 요인을 만나 다른 차원에서 해석하게 한다. 시즌 1에서 음악의 텍스트인 '무궁화꽃이 피었습니다'라는 단선율의 운문에 어울리지 않는 산문이라는 외부 텍스트 그리고 충격적 총소리는 이질적으로 연결된다. 비선율적 산문은 시즌 1의 안내 방송, 시즌 2에서는 기훈이 게임에 대한 설명이 불러일으키는 감

트〉에서도 '칼라프 왕자'는 공주가 내는 저주의 수수께끼에 도전하고 이 과정에서 그의 아버지와 그를 사랑하는 티무르왕의 시녀 '류'가 고문을 당하고 결국 죽임을 당한다.

정적 반응이 어린 시절의 게임과 데스 게임에 대해 질문하게 한다.

《오징어 게임》의 시즌 2의 기훈의 대사와 선율의 결합은 그가 느끼는 고통 속에서 복잡한 감정을 보여 준다. 기훈은 이전 시즌에서 극한의 상황을 경험하며 큰 변화를 겪었다. 시즌 1에서 그가 참여한 게임들, 특히나 첫 번째 게임에서의 트라우마는 시즌 2에서 '무궁화꽃이 피었습니다'를 대면할 때 심리적으로 중요한 맥락이 된다. 기훈의 대사는 그가 이 게임에 다시 참여하게 된 상황을 설명하지는 않지만 그의 과거 경험, 특히 시즌 1에서 그가 겪은 심리적 충격과 게임 세계의 부조리를 고발하는 상징적 장면으로 작용하게 된다.

텍스트 밖의 소리는 시즌 1과 2의 연결성을 강화하며 드라마가 내포한 더 넓은 의미, 즉 사회의 구조적 문제, 부조리와 냉혹한 현실, 변하지 않는 '오징어 게임' 세계의 비정함이 더욱 강조된다.

생산 미학적 맥락
– 작가와 작곡가의 메시지를 담은 시학석 섭근

여섯째, 생산 미학적 맥락은《오징어 게임》의 작가와 작곡가가 개인적 경험을 바탕으로 텍스트를 구성하는 과정에서 서술 기법, 텍스트의 표현 방식, 그리고 대상에 대한 접근법이 중요한 시학적 관계로 나타난다.

작가는 자본주의 사회에서 일어나는 물질만능주의와 사회 불평등 문제를 비판적으로 다루며 게임이라는 방식을 통해 그 메시지를 전달한다. 작곡가는 드라마의 작품과 음악의 텍스트가 유기적으로 연결되도록 창작하며, 미학적으로 외부의 클래식곡을 선택하여 작품의 의미를 심화시키고 재창작하는 방식으로 기여한다. 이 과정에서 작품의 의미는 창작자의 의도와 그 의도가 표현되는 텍스트의 특성과 밀접하게 연결된다. 특히 잘 알려진 클래식곡을 인용하는 것은 작품을 의미화하고 재창작하는 중요한 시학적 활동임을 알 수 있다.

이 창작 과정에서 《오징어 게임》은 외형상 게임을 중심으로 이야기가 전개되지만, 그 속을 들여다보면 사회 양극화를 비판하며 참가자들이 게임 속에서 자신들의 이름 뒤에 숨겨진 주체성을 찾으려는 메시지를 내포하고 있다.

수용미학적 맥락
– 시청자의 배경지식과 경험에 의한 해석

마지막으로 수용미학적 관계는 롤랑 바르트가 말한 텍스트의 '해석'으로 볼 수 있다. 이는 작가를 통해 텍스트가 실현되는 것이 아닌 시청자가 자신의 경험을 통해 해석하는 것이다.

《오징어 게임》에서의 게임은 단순한 놀이가 아니라 삶과 죽음의 경계에서 인간의 본성을 탐구하는 상징적 의미를 지닌다. 그러나 시청자는 자신의 배경지식과 경험을 통해 이러한 맥락을 이해하고 수용한다. 작품 내의 사회적 메시지나 게임 설정은 수용자에 의해 다양한 방식으로 해석되는 것이다. 어떤 시청자는 이를 자본주의 사회의 불평등과 양극화를 비판하는 작품을 받아들이고, 또 다른 감상자는 《오징어 게임》의 서스펜스와 긴장감 그리고 주인공이 처한 극단적인 상황에서 오는 감정이나 주체성을 중심으로 이야기를 수용할 수 있다.

예를 들어 《오징어 게임》 시즌 1의 〈I Remember My Name〉이 기훈이 게임의 세계를 빠져나올 때 〈Let's Go Out Tonight〉라는 표제로 나뉘는 것의 함의라든가 시즌 2에 활용된 〈You're Nothing but a Puppet〉라는 OST의 제목은 주체성에 대한 음악이다.

딱지맨이 게임을 주도하는 세력의 명령을 따르는 단순한 '꼭두각시'에 불과하다는 것을 직설적으로 표현한 〈You're Nothing but a Puppet〉은 딱지맨은 게임 속에서 참가자를 모집하지만 이는 더 큰 권력에 종속되어 있음을 의미한다. 게임 시스템 내에서 인간의 주체성과 권력 관계를 조명하는 음악이다. 기훈과 딱지맨의 대화는 이 주세를 심화시키며, 기훈의 경험적 우위를 통해 권력 구조의 복잡성과 인간의 무기력함을 강조한다.[8] 이러한 표제와 서사 등에서의 장치들은 시청자가 음악을 통해

---

[8]　《오징어 게임》 시즌 2, 1화 '빵과 복권', 51분 37초~53분 53초.

장면을 주체적으로 해석할 수 있도록 단서를 제공한다.

〈You're Nothing but a Puppet〉은 이 대화의 본질을 강화하며, 인간이 더 큰 시스템 속에서 의지와 상관없이 조종되는 현실을 상징적으로 드러낸다. 이는 《오징어 게임》 속에서 모든 인물이 어느 정도 '꼭두각시'임을 시사하는 강력한 상징으로 작용한다.

드라마 《오징어 게임》 음악은 수용미학적 맥락에서 중요한 기능을 한다. 특히 음악과 표제의 관계, 텍스트의 제시와 변주 그리고 외부 작품의 인용 등은 시청자의 미학적 경험이 어떻게 실현되는지 설명하는 데 기여한다. 음악은 이러한 경험을 심화시키고 변형시킬 수 있는 중요한 요소로 작용하며 그 결과 작품의 의미는 더욱 다채롭게 구현된다.

Part 2

음악의 초연결성
: 층위 간 전환과 상호작용

《오징어 게임》 시즌 1에서 주인공 기훈의 목적은 상금이었지만 시즌 2에서는 비도덕적 게임을 멈추는 데 중점을 둔다. 이 변화는 〈Way Back Then〉과 그 변주곡 〈No Way Back〉을 통해 음악적으로 다층적 구조로 표현된다. 또 〈Needles and Dalgona〉는 시즌 1의 데스 게임과 시즌 2의 딱지맨을 연결하는 하이퍼링크처럼 작동하며 두 시즌을 통합적으로 연결한다.

$$\textcircled{1}$$

〈Way Back Then〉과
〈No Way Back〉

○△□

템포와 심리적 변화의 연관성

시즌 1의 OST인 〈Way Back Then〉의 리코더 선율은 어린 시절의 순수한 마음을 상기시켰다. 《오징어 게임》(2024) 시즌 2의 프롤로그인 〈No Way Back〉은 〈Way Back Then〉에서의 경쾌한 리코더의 선율이 피아노 음색으로 바뀌어 느리게 변주된다. 이러한 템포가 주는 의미는 매우 크다.

〈Way Back Then〉의 빠르기($\jmath$=98)에 비해 〈No Way Back〉은 느려진 속도($\jmath$=77)와 차분한 피아노 음색으로 비장하고 긴장감 넘치는 분위기를 자아내며 이를 통해 기훈의 심리적 변화를 표현한다. OST의 제목 또한 '돌아갈 수 없는 길'이라는 의미를 담고 있으며 이를 통해 기훈의 상황과 결합되어 전체적인 주제를 암시한다. 이 제목은 기훈이 더 이상 과거의 삶으로 돌아갈 수 없음을 상징한다. 또한 데스 게임을 끝내려는 숙명적인 상황과 맞물리며 그의 절박함을 더욱 부각시킨다.

< No way back >

(선율이 피아노 음색으로 느리게 변주되어 기훈의 심리와 상황을 묘사)

작품의 다층적 관계 형성

시즌 1에서 프롤로그에서 울리던 〈Way Back Then〉는 기훈의 순수한 어린 시절을 떠올리게 한다. 이후 〈Round Ⅰ〉[1]의 음악이 비춰지는 장면에서는 기훈이 생각 없이 살아온 모습을 엿볼 수 있다. 그는 딸의 생일 선물을 사기 위해 인형 뽑기를 시도하지만 옆의 꼬마에게 '생각 없이 뽑는다'는 핀잔을 듣는 철없는 인물로 묘사된다. 이는 그가 무의미하게 살아왔던 과거를 반영한다. 그러나 시즌 2에서 기훈은 비인간적인 데스 게임을 멈추겠다는 결연한 의지를 품고 이전의 무심한 삶과는 전혀 다른 길을 걷기 시작한다.

기훈의 머리 색깔에서도 그의 상황적·심적 변화가 드러난다. 빨간 머리로 염색한 그의 머리는 작중에서 언급되었던 《매트릭스》의 빨간 약을 연상시킨다. 파란 약을 먹으면 비참한 현실을 잊을 수 있지만 기훈은 잔인하고 폭력적인 현실을 직시하고 그것에 맞서 싸우겠다는 의지를 나타내는 빨간 약을 선택한 것이다. 이는 시즌 2의 2화 '할로윈 파티'에서 프론트맨이 기훈에게 언급하는 대사로도 표현된다.

"파란 약을 먹고 편히 살면 될 텐데, 굳이 빨간 약을 먹고 영웅 흉내를 내는 인간들이 나오지."[2]

1   《오징어 게임》 시즌 1, 1화 '무궁화 꽃이 피던 날', 13분 01초
2   《오징어 게임》 시즌 2, 2화 '할로윈 파티', 42분 24초~42분 33초.

기훈은 이전에 상금을 목적으로 게임을 했지만, 이제는 그 부당하고 비도덕적인 게임을 중단시키겠다는 목표를 가지게 된다. 이러한 관점의 변화는 〈Way Back Then〉과 〈No Way Back〉으로 더욱 강조되며 작품의 다층적 구조를 형성한다.

두 세계를 연결하는
음악의 초연결성

○△□

이질적인 두 세계의 연결

음악의 초연결성(hyperconnectivity)은 매우 흥미로운 주제다. 이는 음악의 상호텍스트성(intertextuality)을 깊이 있게 탐구할 수 있는 연구 주제를 제공한다. 《오징어 게임》에서 사용된 음악은 작품 내 다양한 요소들과 긴밀하게 연결되며 상호작용을 통해 새로운 의미를 창출하는 특징을 보인다. 이러한 음악적 초연결성은 글로벌 문화 교류와도 밀접한 관련이 있으며, 음악이 다른 예술 및 서사적 요소들과 어떻게 유기적으로 결합되는지를 탐구하는 연구로 확장될 수 있다.

상호텍스트성은 개별 음악 요소들을 결합해 기존에 없던 새로운 의미를 만들어 내고 이러한 의미화 과정은 작품에 깊이를 더한다. 중요한 점은 이러한 의미 생성의 주체가 작가가 아닌 시청자라는 점이다. 예를 들어 〈Way Back Then〉의 리코더 음색과 3 · 3 · 7 박수는 어린 시절의 기억을 불러일으키는 촉매 역할을 한다. 이 촉매는 분리되어 있던 요소들을 연결하고 그 과정을 통해 새로운 가치를 창출한다.

이와 유사하게 〈Needles and Dalgona〉에도 리코더 음색이 사용되어 어린 시절의 게임을 떠올리게 하고 순수한 게임과 데스 게임을 연결 짓는다. 이러한 이질적인 두 세계의 연결은 대비를 통해 게임 세계의 잔인하고 기괴한 특성을 더욱 강조한다.

《오징어 게임》 시즌 1 〈Needles and Dalgona〉 악보

OST <Needles and Dalgona>

《오징어 게임》 시즌 1의 두 번째 데스 게임의 문을 여는 〈Needles and Dalgona〉의 리코더 음색은 의미가 달라지면서 아이러니를 유발했다. '설탕 뽑기'라는 게임은 자신들이 선택한 모양과 그 모양이라는 세계에 갇혀 꼼짝 못 하는 비참한 현실을 상징하고 풍자하였다.

기훈이 목숨을 담보로 한 급박한 상황에 달고나를 혀로 핥아 달콤함을 맛보며 달고나를 침으로 녹이는 우스꽝스러운 모습에 갑자기 〈Needles and Dalgona〉의 경쾌한 음악이 흘러나오며 아이러니한 장면이 연출된다.[1]

이 음악은 《오징어 게임》 시즌 2의 1화 '빵과 복권'에서 딱지맨이 단팥빵과 복권을 구입할 때 결합된다.[2] 딱지맨이 이를 통해 확인하고 싶었던 것은 비극적 게임에 들어올 수밖에 없는 사람들의 헛된 욕망이었을 것이다.

> "내일이 없는 삶에 힘겨워하시는 선생님을 위해서 제가 자그마한 오늘의 선물을 하나 가져왔습니다. 선물은 하나, 빵과 복권. 둘 중 하나만 선택하실 수 있습니다."

딱지맨은 공원 벤치에 할 일 없이 누워 있는 노숙자에게 한 말이다. 대부분의 노숙자들은 빵이 아닌 복권을 선택한다.

---

1   《오징어 게임》 시즌 1, 3화 '우산을 쓴 남자', 44분 50초.
2   《오징어 게임》 시즌 2, 1화 '빵과 복권', 27분 30초~28분 28초.

시즌 1과 시즌 2의 연결까지, 음악의 초연결성

시즌 2의 1화 '빵과 복권'에서 등장한 〈Needles and Dalgona〉는 시즌 1의 3화 '우산을 쓴 남자'에서의 설탕 뽑기와 단팥빵 그리고 복권을 연결한다. 456억의 상금을 위해 목숨을 걸고 설탕 뽑기를 하는 참가자들의 모습은 희박한 확률의 복권을 선택하는 노숙자들의 모습과 맞물려 새로운 의미를 형성한다.

결국 〈Needles and Dalgona〉는 허상에 불과한 욕망을 좇는 인간의 헛된 희망을 지시하는 것이다. 데스 게임과 복권은 일견 이질적인 세계처럼 보이지만, 희박한 확률에 대가를 지불하는 인간의 어리석음이라는 부분에서 본질적으로 유사하게 연결되는 것이다.

《오징어 게임》에 활용된 음악은 작품 속 여러 텍스트들과 연결되어 마치 초연결, 즉 하이퍼링크처럼 기능하며 통합적으로 해석하게 한다. 그뿐만 아니라 음악의 표제와 서사 간의 대화로 주체성을 지적한다.

Part 3

작품을 넘어서다!
해석으로서의 음악

《오징어 게임》 시즌 1의 〈Way Back Then〉은 시즌 2에서 〈Way Forward〉로 변주되며 어떻게 의미가 확장될까? 또 《오징어 게임》 시즌 2의 러시안룰렛은 오페라 《투란도트》의 아리아와 어떻게 연결되며 상호텍스트성을 형성할까? 이를 살펴보는 과정을 통해 작품을 넘어서 더 큰 맥락이나 두 세계와 연결된 해석을 할 수 있는 주체가 될 수 있을 것이다.

①

표제와 변주
: 〈Way Back Then〉과 〈Way Forward〉

○△□

흥을 돋우는 〈Way Back Then〉의 베이스 선율

시즌 1의 〈Way Back Then〉은 시즌 2의 지하철 수색팀에서 〈Way Forward〉로 변주되며 응원의 의미를 소환한다. 기훈은 시즌 1에서 돈을 빌렸던 사채업자 김정래 사장을 시즌 2에서 다시 만나 빌린 돈을 갚고 딱지맨을 찾기 위해 도움을 요청한다.

기훈의 요청에 김정래 사장의 부하 직원들이 2년을 찾아다녔지만 결국 찾지 못해 기운이 빠져 있는 상태였다. 김 사장이 승합차에서 대기 중이던 부하들에게 오히려 연락되는 애들을 다 끌어모으라고 지시할 때, 타악기 연주가 배경으로 흐르며 긴장감을 고조시킨다.[1] 성기훈이 딱지맨을 찾을 경우 10억 원을 더 주기로 했다며, 누구든지 딱지맨을

---

[1]   《오징어 게임》 시즌 2, 1화 '빵과 복권', 13분 14초~14분 20초.

찾는 사람에게는 반을 주겠다고 말하는 장면에서 〈Way Back Then〉의
베이스 선율이 흥을 돋운다.

〈Way Back Then〉의 베이스 모티브[2]

앞으로의 여정을 암시하는 〈Way Forward〉

　이후 딱지맨을 찾기 위해 더 큰 규모의 지하철 수색팀이 결성되고,
OST 〈Way Forward〉가 울려 퍼진다.[3] 여기에 황준호가 형이 있는 섬을
수색하던 서사가 교차되며, 결코 쉽지 않은 여정이 될 것임을 설명한
다. 또한 음악은 기훈이 앞으로 나아가야 할 여정을 암시히며 흐른다.
이 곡은 기훈이 더 이상 과거의 패배자가 아닌, 자신과 다른 이들의 운
명을 적극적으로 개처하려는 강한 의지를 지닌 인물이 되었음을 강조하

<hr>

2　　《오징어 게임》 시즌 2, 1화 '빵과 복권', 14분 22초~14분 32초.
3　　《오징어 게임》 시즌 2, 1화 '빵과 복권', 17분 59초~21분 56초.

는 중요한 장치로 기능한다.

《오징어 게임》 시즌 1 〈Way Back Then〉의 악보와
변주된 《오징어 게임》 시즌 2 〈Way Forward〉 악보

\<Way Back then\>

프롤로그: 3.3.7 박수의 패러디(parody) 와 어린시절 오징어 게임 장면 회상으로 시작.

<Way forward>

(2)

승리와 그 이면의 비극
〈Nessun dorma〉

○△□

《오징어 게임》 시즌 2의 러시안룰렛과
오페라 《투란도트》의 상호텍스트성

《오징어 게임》 시즌 2, 1화 '빵과 복권', 40분 31초~45분 01초에서 딱지남의 강요로 사채업자 김 사장과 우석이 러시안룰렛 게임을 할 때, 푸치니의 오페라 《투란도트》 중 아리아 〈Nessun dorma〉가 흘러나온다. 이 음악은 장면과 동떨어진 것처럼 보이지만, 자세히 살펴보면 상호텍스트성을 형성하고 있다.

《투란도트》에서는 수수께끼를 못 맞히면 죽는 독특한 데스 게임이 펼쳐진다. 이 독특한 데스 게임은 투란도트 공주가 제정한 법 때문이다. 투란도트는 선대의 공주가 남성에게 겁탈당하고 살해된 사건으로 인해 남성에 대한 깊은 원한과 혐오를 품게 되었다. 그녀는 결혼을 피하려고 한 가지 법을 공포했다.

"투란도트와 결혼하고 싶은 남자는 세 가지 수수께끼를 풀어야
하며, 실패할 경우 참수형을 당한다."

수많은 남자들이 절세미녀 투란도트와 결혼하기 위해 도전했으나 수
수께끼를 풀지 못하고 목숨을 잃게 된다.

그러던 어느 날, 멸망한 타타르의 왕 티무르와 그의 시녀 류는 전쟁에
서 죽은 줄로만 알았던 칼라프 왕자를 투란도트 공주가 사는 북경에서
극적으로 만난다. 그러나 기쁨도 잠시, 나라를 잃고 떠돌던 칼라프는
성곽 위에 나타난 투란도트가 페르시아 왕자의 처형을 명하는 순간 그
녀의 아름다움에 매료된다. 주변의 만류에도 불구하고 칼라프는 공주
의 수수께끼에 도전하기로 결심한다.

공주는 "수수께끼는 셋, 목숨은 하나!"를 외치며 세 가지 수수께끼를
낸다. 첫 번째, 세계가 갈망하는 그것은 모두가 원하고 어두운 밤에 새
롭게 춤추며 날아오른다. 그러나 새벽에 사라진다. 밤마다 태어나고 아
침이 되면 죽는 그것은? 그 답은 희망. 두 번째, 불꽃을 닮았으나 불꽃
은 아니고 그대의 신장이 멈추면 차가워지고, 정복을 꿈꾸면 다시 타오
를 수 있는 붉은 것은? 답은 피. 세 번째, 이것은 그대에게 불같으며 열
정을 얼게 하는 얼음이다. 이것을 본다면 그대는 이것의 노예가 되나
이것이 그대의 노예가 된다면 그대는 왕이 될 것이다. 이것은? 답은 투
란도트.

칼라프는 투란도트 공주의 세 가지 수수께끼를 모두 풀어낸다. 그러나 투란도트는 이름 모를 왕자와의 결혼을 완강히 거부한다. 이에 칼라프는 역으로 수수께끼를 제안하는데 날이 밝기 전까지 자신의 이름을 알아내면 공주의 승리, 그렇지 못하면 공주는 그와 결혼해야 한다는 조건을 건다. 이에 투란도트는 명령을 내린다.

"왕자의 이름이 밝혀질 때까지 아무도 잠들지 말라."

그리고 이를 어길 경우 사형에 처할 것이라고 경고한다. 이 명령을 듣게 되는 칼라프 왕자는 공주의 말을 인용하며 〈Nessun dorma〉를 노래한다. 그는 공주가 자신의 이름을 알아낼 수 없을 것이라 확신하며 승리를 확신한다. 투란도트의 신하들은 목숨이 걸린 상황에서 어떻게든 왕자의 이름을 알아내려 하며 우왕좌왕하던 중, 칼라프 왕자와 대화를 나눈 것으로 의심된 티무르 왕과 시녀 류를 잡아 온다.

류는 티무르 왕을 구하기 위해 자신만이 왕자의 이름을 알고 있다고 말한다. 그녀는 혹독한 고문을 당하지만 끝내 비밀을 지킨다. 투란도트가 류에게 모진 고통을 감내할 수 있는 강인함의 이유를 묻자 류는 "사랑"이라고 대답한 후 스스로 목숨을 끊는다. 결국 칼라프는 승리하지만, 그 승리 뒤에는 류의 희생이 자리하고 있다.

《투란도트》에서 〈Nessun dorma〉는 투란도트 공주의 수수께끼를 풀어낸 칼라프 왕자가 부르는 아리아로, 공주가 그의 이름을 알아내지 못하면 자신이 승리하게 되는 상황을 노래한다. 이 아리아의 제목인 "아무도 잠들지 말라"는 뜻은 공주가 게임에서 승리할 때까지 모두 잠들지 말라는 명령을 담고 있으며, 칼라프는 아리아의 시작에서 공주의 명령을 반복적으로 인용한다.

그리고 투란도트의 "아무도 잠들지 말라"는 명령과 칼라프 왕자의 아리아 〈Nessun dorma〉는 내기의 결과가 결정되기 직전 긴장되는 순간을 상징하며 승리와 비극을 대비시킨다. 칼라프는 아리아에서 "Vincerò(승리하리라)!"라고 반복하며 확신에 차 외치지만, 이와 동시에 등장하는 합창은 "우리는 죽는구나, 죽어!"라는 비극적인 내용을 노래하며 긴장감을 조성한다.

《투란도트》에 인용된 〈모리화〉의 역할

오페라 《투란도트》의 음악들은 메타음악적 특징을 지닌다. 메타음악은 음악 자체가 또 다른 음악을 반영하거나 참조하는 개념으로 푸치니는 《투란도트》에 중국 민요의 음악적 요소를 인용해 이러한 특징을 드러냈다. 그는 중국적 분위기를 구현하기 위해 중국 민속 음악을 탐구했으며 그 과정에서 대본가 아다미의 친구 파시니를 통해 오르골을 구했다. 이 오르골에 담긴 중국 민요 〈모리화(jasmine)〉는 오페라에서 중요한 역할을 한다.

〈모리화〉는 작품 속에서 여러 번 인용되며 특히 1막에서 등장하는데 어린이 합창곡인 〈동방의 산꼭대기에서(Là sui monti dell'Est)〉에 사용된다.[1] 이 노래의 가사는 "동쪽 산에 4월이 와도 꽃이 피지 않고 얼음이 녹지 않으니 공주여 나오셔서 꽃을 피우고 모든 것을 빛나게 하라."는 내용이다. 이는 공주에게 공포스러운 게임을 끝내라는 상징적인 의미를 담고 있다.

《오징어 게임》 속 승리와 비극의 대비

《투란도트》에서 나타난 승리와 비극의 대비는 김 사장과 우석의 러시안룰렛에서도 나타난다. 《오징어 게임》 시즌 2의 1화의 사채업자 김 사장과 그의 친동생과도 같은 최우석이 딱지맨을 추적하지만 오히려 제압당하고, 러시안룰렛 게임에 강제로 참여하게 되는 장면에서 딱지맨은 푸치니의 《투란도트》 중 〈Nessun dorma(아무도 잠들지 말라)〉를 LP판으로 튼다.

최우석과 김 사장이 딱지맨에게 강요당한 러시안룰렛은 확률에 의지한 데스 게임으로, 처음에는 확률이 6분의 1이었다. 그러다 딱지맨이 확률을 6분의 5로 강제로 올린다. 절묘하게도 '죽을 확률을 높이겠다'는

1　Puccini, Giacomo. Turandot for Full Score. Ricordi, 2007, pp.58-61.

말과 연결되며 작품 속 긴장감을 더욱 증대시킨다.[2] 이 죽음의 확률을 올리는 상황에 나오는 음악은 〈Nessun dorma〉 중 합창 부분이다.

[합창]

Il nome suo nessun saprà,

그의 이름은 아무도 알지 못할 것이다

E noi dovrem, ahimè, morir, morir!

그리고 우리는, 죽게 될 것이다!

그러나 칼라프는 합창과 대비되는 승리를 노래한다.

[칼라프]

Dilegua, o notte!	물러가라, 밤이여!
Tramontate, stelle!	사라져라, 별들이여!
All'alba vincerò!	새벽이 오면, 나는 이기리라!
Vincerò! Vincerò!	이기리라! 이기리라!

게임의 미지막 부분에서 김 사장은 최우석을 살리기 위해 회생한다. 이 장면은 오페라 《투란도트》에서 칼라프를 사랑한 시녀 류가 고문을 받으면서도 그의 이름을 끝까지 밝히지 않고 죽음을 맞이하는 장면과

---

2   《오징어 게임》 시즌 2, 1화 '빵과 복권', 43분 12초에서 딱지맨은 "이제 확률을 뒤집어 볼까요? 살 확률은 6분의 1, 죽을 확률은 6분의 5."라고 한다.

맞물려 의미를 강하게 전달한다.

"Vincerò!(승리하리라)"라는 아리아의 하이라이트는 겉으로는 최우석의 승리를 축하하는 것처럼 보이지만, 실제로는 도덕적·인간적 가치를 상실한 비극적 승리를 상징하며 생존이 곧 승리로 여겨지는 잔인한 데스 게임 속에서 절망적이고 공허한 승리임을 드러낸다. 칼라프의 아리아에서 반복되는 "Vincerò!"는 우석의 허탈감과 절망을 더욱 선명하게 대비시킨다.

딱지맨이 "승리를 축하드립니다."라고 말하며 흘러나오는 아리아의 클라이맥스는 게임을 주관하는 자들이 승리를 기계적으로 축하하는 냉혹한 모습을 여실히 드러내며 승리의 진정성과 인간의 존엄성을 의심하게 만든다.

음악을 통해 연결되는 《투란도트》와 《오징어 게임》

《투란도트》의 서사는 음악을 통해 《오징어 게임》의 서사와 연결된다. 투란도트 공주와 딱지맨은 작품에서 냉정하고 비인간적인 역할을 하며 참가자들에게 강압적인 룰을 강요한다. 투란도트 공주의 게임의 강제성은 딱지맨이 강요한 게임과 연결된다. 두 작품 모두 냉혹한 시스템과 잔인한 게임을 중심으로 전개되며 등장인물들은 생존을 위해 극단적인 선택을 강요받는다. 승리와 패배의 규칙에 하나뿐인 목숨이 달려 있다.

특히 《오징어 게임》의 잔혹함과 그 안에서 생존을 위해 어쩔 수 없이 러시안룰렛 게임에 참여해야 하는 인간의 비극을 더욱 강렬하게 체감하게 만든다. 《투란도트》에서 칼라프 왕자가 풀어야 하는 수수께끼는 생사를 걸고 있으며, 《오징어 게임》에서 최우석과 김 사장이 강요당한 러시안룰렛 또한 생사를 걸고 있다.

또한 류가 칼라프를 위해 자신의 목숨을 바치는 희생과 김 사장이 우석을 위해 희생하는 장면은 각각의 작품에서 인간적인 애정을 보여 준다. 나아가 《오징어 게임》에서의 승리는 타인의 생명을 대가로 한 승리임을 강조한다.

《투란도트》와 《오징어 게임》의 상호텍스트성

오페라 《투란도트》	드라마 《오징어 게임》
냉혹한 투란도트	잔혹한 딱지맨
데스 게임(수수께끼)	데스 게임(러시안룰렛)
류의 희생	김 사장의 희생

상호텍스트성을 통해 시청자는 작품을 단순히 수동적으로 받아들이는 것이 아니라, 작품 속에서 주어진 여러 텍스트 간의 관계를 스스로 해석하고 재구성하는 능동적인 역할을 한다. 이를 통해 기존의 서사나 의미를 자신의 경험이나 지식과 연결하여 새롭게 이해하게 되며, 그 과정에서 작품이 담고 있는 의미를 확장하거나 연관성을 찾아 의미화한

다. 결과적으로 시청자는 작품을 넘어서 더 큰 맥락이나 두 세계와 연결된 해석을 할 수 있는 주체가 된다.

Step 3

종결부

해석의 폭을 확장하는
상호텍스트성과 메타음악

○△□

최근 시즌 2까지 방영된 인기 드라마 《오징어 게임》에서 사용된 음악은 메타적 특성을 뚜렷이 드러낸다. 이 작품은 메타적 서사와 음악의 상호텍스트성을 전략적으로 활용하여 시청자에게 새로운 해석의 가능성을 열어 준다. 메타음악은 단순히 '음악에 대한 음악'이라는 개념을 넘어, 참조하고 인용하고 변주하면서 서사와 긴밀하게 얽혀 새로운 의미를 창출한다.

메타 전략의 핵심은 시청자가 드라마의 내부와 외부 세계를 동시에 탐색하게 하는 데 있다. 《오징어 게임》은 현실과 게임 세계를 오가는 인물들의 여정을 통해 시청자에게 '낯설게 하기' 효과를 제공한다. 시청자는 친숙함의 전복을 통해 드라마의 다층적 구조를 맥락적으로 파악하게 되고 작품의 의미를 사유하게 된다.

메타음악은 이러한 서사적 장치로서 중요한 역할을 한다. 예를 들어 〈Way Back Then〉은 순수한 어린 시절을 떠올리게 하는 선율로 사용되지만, 잔혹한 어른들의 게임과 결합하면서 의미가 전복되고 전혀 다른 맥락에서 재해석된다.

또한 요한 슈트라우스 2세의 〈아름답고 푸른 도나우강〉은 VIP들이 참가자들의 생사를 결정하는 장면에서 사용되며 자본주의 사회의 잔혹한 양면성을 강조한다. 이 음악은 원래의 맥락에서 벗어나 아이러니를 극대화하는 역할을 하며, 시청자에게 감정적 충격을 주는 동시에 서사적 메시지를 전달한다. 이러한 메타적 사용은 음악이 단순한 배경이 아닌, 서사적 아이러니와 비판적 메시지를 전달하는 중요한 요소로 작용함을 보여 준다.

이처럼 상호텍스트성과 메타음악은 서로 다른 맥락의 음악들이 결합하여 새로운 차원의 의미를 창출하며, 시청자는 이를 통해 더욱 깊이 있는 해석의 층위에 도달하게 된다. 시즌 1에서 사용된 〈Way Back Then〉의 명랑한 리코더 선율은 시즌 2에서 느린 피아노 음색의 〈No Way Back〉으로 변주되며, 이는 기훈의 심리 상태를 반영한다. 이후 등장하는 〈Way Forward〉는 기훈의 미래 여정을 상징하는 등, 음악적 변주가 서사와 긴밀하게 맞물려 있다.

결론적으로 《오징어 게임》에 사용된 메타음악은 단순히 인용되고 변주되는 음익이 아니라, 서시와 상호텍스트적으로 얽혀 다양한 해석의 가능성을 열어주는 종합적인 해석 도구로 기능한다. 메타음악은 기존의 해석을 전복하고 유연한 시각을 제시함으로써, 문학, 음악, 미디어, 문화 연구 등 여러 학문 분야에서 드라마 해석의 범위를 확장할 수 있는 중요한 연구 주제가 된다. 앞으로 이러한 연구가 메타음악과 상호텍스트성의 융합을 통해 학제 간 연구로 더욱 심화되기를 기대한다.

참고 문헌 |

■ 1차 자료

- 황동혁, 《오징어 게임》, 넷플릭스, 2021.

- 황동혁, 《오징어 게임》, 넷플릭스, 2024.

- Danuser, Hermann, Metamusik, Schliengen, Edition Argus, 2017, pp.1~49.

■ 2차 자료

• 국내서

- 김경임, 『낭만파 피아노음악』, 경북대학교출판부, 2010.

- 서울대학교 국어교육연구소, 『국어교육학사전』, 대교출판, 2004.

- 심혜련, 『20세기 매체철학』, 그린비, 2012.

- 오희숙, 『문화 상징으로서의 인용음악』, 성균관대학교출판부, 2022.

- 우혜언 · 이혜진 · 오희숙, 『작품으로 보는 음악미학』, 음악세계, 2016.

- 음악지우사, 『작곡가별 명곡해설 라이브러리 10, 하이든』, 음악세계, 2002.

- 이왕주, 『철학, 영화를 캐스팅하다』, 형효출판, 2005.

- 전상직, 『음악의 원리』, 음악춘추사, 2020.

- 최현, 『플라톤의 국가론』, 집문당, 1989.

- 홍기영, 『셰익스피어와 문학비평』, 한빛문화, 2012.

- 황계정, 『메타드라마』, 연세대학교출판부, 1992.

■ 외국서

- Gide, Andre, (trans. Justin O'brien), Volume I : 1889-1924

- Avins, Stara, Johannes Brahms life and letters. Oxford, New york : Oxford University press, 1997.

- Rosen, Charles, Beethoven's Piano Sonatas : A Short Companion (New Haven and London : Yale University Press, 2002), 202.

- Abel, Lionel, 『Metatheatre : A New View of Dramatic Form』, Hill and Wang, 1963.

- Schäfer, Thomas, 'Anti-Moderne order Avantgarde-Konzept? Uberlegungen zur musikalischen Postmoderne', International Review of the Aesthetics and Sociology of Music, Vol.26, No.2, 1995.

- Tischer, Matthias, 'Zitat - "Musik über Musik" - Intertextualität : Wege zu Bachtin Vers une musique intégrale', Jahrgang, 2009.

- Wolf, Werner, 'Metafiction and metamusic : Exploring the limits of metareference', Dc Gruyter Mouton, 2007

■ 번역서

- 닉 레이시, 임영호 옮김, 『내러티브와 장르』, 산지니, 2020.

– 로버트 루트번스타인·미셸 루드번스타인, 박종성 옮김, 『생각의 탄생』, 에코의 서재, 2007.

– 로버트 스탬, 이수길 옮김, 『어휘로 풀어 읽는 영상기호학』, 시각과 언어, 2003.

– 로제 카이와, 이상률 옮김, 『놀이와 인간(Les jeux et les hommes)』, 문예출판사, 2018.

– 리차드 혼비, 백현미·노승희 옮김, 『드라마, 메타드라마, 지각』, 전남대학교출판부, 2012.

– 메이너드 솔로몬, 김병화 옮김, 『루트비히 판 베토벤 2』, 한길아트, 2006.

– 미겔 대 세르반테스 사아베드라, 안영옥 옮김, 『돈키호테 2』, 열린책들, 2014.

– 박문재 옮김, 『아리스토텔레스의 시학』, 현대지성, 2021.

– 발터 벤야민, 김유동·최성만 옮김, 『독일 비애극의 원천』, 한길사, 2009.

– 아도르노, 문병호·김방현 옮김, 『책제목』, 세창출판사, 2012.

– 아리스토텔레스 저, 이종훈 옮김, 『형이상학』, 동서문화사, 2016.

– 에릭번 저, 조혜정 옮김, 『심리 게임』, 교양인, 2009.

– 요한 하위징아, 이종인 옮김, 『호모루덴스』, 연암서가, 2018.

– 슬라보예 지젝, 이운경 옮김, 『매트릭스로 철학하기』, 한문화, 2003.

– 웬디 톰슨, 정임민 옮김, 『위대한 작곡가의 생애와 예술』, 마로니에북스, 2007.

- 윌리엄 셰익스피어, 신동운 옮김, 『햄릿』, 스타북스, 2020.

- 자크 라캉, 권택영·이미선·민승기 옮김, 『욕망이론』, 문예출판사, 1994,

- 패트리샤 힐 콜린스·시르마 빌게, 이선진 옮김, 『상호교차성』, 부산대학교출판문화원, 2020.

- 퍼트리샤 워, 김상구 옮김, 『메타픽션—자의식 소설의 이론과 실제』, 루트리지, 1984.

- 피에르 부르디외, 최종철 옮김, 『구별 짓기 (상)』, 새물결, 2005.

■ **악보**

- Beethoven, Ludwig van, Beethoven Sonaten für Klavier (Band 3), 서울: 음악세계, 2001.

- Brahms, Johannes, Brahms 1. 서울: 태림스코어, 2016.

- Haydn, Joseph, Symphony No.45 Farewell in F sharp minor, 서울: 태림출판사, 2010.

- Mozart, W. A, Ein musikalischer Spass KV 522, Munich: G. Henle Verlag, 2016.

- Puccini, Giacomo, Turandot for Full Score, Milano: Ricordi, 2007

- Saint-Saëns, Camille, Le Carnaval des animaux, 서울: 태림출판사, 2011.

- Schumann, Robert, Schumann 5, 서울: 태림출판사, 2011.

■ 학위논문

- 구경은, 「영화 음악의 역할」, 서울대학교 박사학위논문, 2000.

- 송지선, 「빈 오페레타의 사회문화적 함의에 관한 연구」, 국민대학교 일반대학원 박사학위논문, 2022.

- 송현옥, 「게임의 극화: Harold Pinter의 작품 세계」, 고려대학교 박사학위논문, 1996.

- 정우진, 「언어로서의 음악과 아도르노의 베토벤 해석에 대한 연구」, 서울대학교 박사학위논문, 2010.

- 박소윤, 「문학적 傳承(전승)을 통해 본 뮤지컬 분석」, 성균관대학교 석사학위논문, 2009.

- 임석원, 「발터 벤야민의 알레고리 개념 연구」, 서울대학교 석사학위논문, 2003.

■ 학술논문

- 강유정, 「한국형 생존서사와 K-능력주의 – 넷플릭스 오리지널 드라마 〈오징어 게임(황동혁, 2021)〉을 중심으로」, 『한국근대문학연구』, 한국근대문학회, 2022.

- 권송택, 「하이든 작품에 나타나는 음악적 아이러니」, 『서양음악학』, 14권 1호, 한국서양음악학회, 2011.

- 김은하, 「칸트의 세계(mundus)와 시간(tempus) –〈교수취임논문〉을 중심으로」, 『가톨릭철학』, no.22, 2014.

- 김일태, 윤기현, 김병수, 설종훈, 양재혁, 「음향 효과」, 『만화애니메이션사전』, 한국만화영상진흥원, 2008.12.30.

– 방찬혁, 「셰익스피어와 베케트의 극에 나타난 메타드라마 전략 비교 연구」, 『영어권문화연구』, 7(1), 2014.

– 백승무, 「메이예르홀트 공연의 음악성 연구 – 2. 발화와 행위의 음악적 조직화」, 『슬라브硏究』, 36권 1호, 한국외국어대학교 러시아연구소, 2020. 「불가코프의 메타드라마 연구」, 『비교문화연구』, 23, 2011.

– 서해숙, 「줄다리기의 역사적 전통과 현대적 복원」, 『남도민속연구』, 33권, 남도민속학회, 2016.

– 이선형, 「예술치료를 위한 '은유'의 개념과 기능에 대한 소고」, 『드라마 연구』, 37권, 한국드라마학회, 2012.

– 이용복, 「극중극의 특성 및 그 의의에 대한 연구」, 한국연극학회, 40권, 2012.

– 이정한, 「영화–아이러니 논의의 새로운 가능성에 대하여」, 『현대영화연구』, 17(3), 2021.

– 전영재, 「《오징어 게임》의 스토리텔링 전략 연구 –데스 게임 장르를 중심으로–」, 『만화애니메이션 연구』, 한국만화애니메이션학회, 2021.

– 전지수, 「심리운동기반 놀이 분석과 적용방안–무궁화꽃이 피었습니다–」, 『심리운동연구』 4권 2호, 한독심리운동학회, 2018.

– 최은영, 「드라마 《오징어 게임》에 나타난 게임과 음악의 상호 연관성에 대한 탐색적 연구」, 『한국콘텐츠학회논문지』, 24(10), 2024.